Science Centres and Science Events

A Science Communication Handbook

莫小丹　戴天心　谌璐琳 ———— 等译

王　茜 ———— 译审

中国科学技术馆译著系列

科学传播手册

科学中心和科学活动

〔意〕安娜-玛丽·布吕亚
〔意〕米凯拉·里奇奥　主编

社会科学文献出版社
SOCIAL SCIENCES ACADEMIC PRESS (CHINA)

译著小组

莫小丹　戴天心　谌璐琳　刘　怡　冯晓菁
霍菲菲　张小素　江　芸　冯　微

总　序

中国科技馆是我国唯一的国家级综合性科技馆，是实施科教兴国战略、人才强国战略和创新驱动发展战略，提高全民科学素质的大型科普基础设施。除了提供科学性、知识性、趣味性相结合的展览内容和科学教育，中国科技馆还承担了流动科技馆、科普大篷车、数字科技馆、农村中学科技馆等项目的管理和服务，自身服务于现代科技馆体系建设与科普事业发展的职责和任务不断拓展，促进理论研究，引领事业发展，使命光荣、任重道远。

自 1988 年 9 月一期工程建成开放，中国科技馆至今已走过 30 余年。30 多年中，中国科技馆经历了一期、二期和新馆三个阶段的建设发展；30 多年里，中国科技馆事业在迎接各种发展机遇、应对各种挑战中砥砺前行；30 多年来，几代中国科技馆人在学术研究、实践探索和开拓前进中积累了宝贵的经验，积淀了一批珍贵的历史文献、技术资料。

不忘初心，方得始终。中国科技馆引进、编译"中国科技馆译著系列"丛书，旨在借鉴世界博物馆、科技馆在管理机制、展览展示、教育活动、观众研究等诸多方面的理论探究和规律总结，吸收其长处为我所用，从而使国内业界在实践中扬长避短、不断进步。丛书学术性和实践性并重，强调国外博物馆、科技馆理论研究和实践探索，兼顾专业人士与普通读者，力求质量，系列出版，自成体系，希望能对我国科技馆事业发展、全民科学素质提升起到积极的促进作用。

中国科技馆馆长

2019 年 3 月

前　言

科学无处不在，它是我们文化的一部分，并对我们的生活产生重要影响。科技在进步——基于现有知识产生的新技术——正在以前所未有的速度改变着我们的生活。现今，我们比以往任何时候都更加依赖科学，寄希望于科学家帮助我们解答疑难问题，解决过去的人无法想象的问题。

我们应该传播什么，以及如何传播？作为知识社会的一种民主形式，科技公民权概念的真正含义是什么？如何定义它？科学活动如何开展？以上是本书努力解答的一部分问题。本书邀请科学传播领域的顶尖学者和科学中心领域的专家撰写各个章节，对科学中心、教育活动和大型科普活动中的重要问题进行了全面回顾。正如主编所言，这本书以意大利那不勒斯科学城①在意大利国内和国际开展的活动为背景。那不勒斯科学城曾与联合国教科文组织合作开展了一些具有挑战性的活动。

《科学传播手册：科学中心和科学活动》的目标受众群体是将科学传播纳入职业规划的人员，换句话说，是那些选择（或接受）传播科学这一极其困难的任务的从业者。从本质上讲，这是一项艰巨的任务，因为它意味着在不过度删减或简化的前提下帮助非专业人士理解科学的基本原理。过去几十年

---

① 该科学城由伊迪斯基金会负责运营。——译者注

1

中，科学技术飞速发展，知识范围不断扩大而专业领域不断细分，导致这一本就困难的任务变得几乎不可能完成，即使是基础知识似乎也超出了外行所能掌握的范围。

作为联合国教科文组织科学政策与可持续发展处处长，我很高兴有机会为这本手册撰写前言，在我看来，科学传播是制定具有包容性、以人为本的科学政策过程中不可分割的一部分。从这个角度来理解，科学传播是动员公众和赋能社会的主要方式之一，在这样的社会环境中激发公众对科学的兴趣，使公众受到启迪并参与其中。科学传播也逐渐成为助力社会转型的方式之一。在任何社会中，公众都有权利对有关自身利益的各项决策施加影响。科学关乎公众的利益。公众希望在科学决策中拥有发言权以帮助解决难题，因此公众需要更深入地了解科学。换句话说，有科学素养的公众就是有能力的公众。如今，公众比历史上任何时期都更加需要参与决策，我们不仅要努力增加这种机会，也要认识到其道义上的必要性。

科学中心将科学传播以互动的方式呈现出来，并将科学和技术置于更宏大的语境中加以审视，日渐成为对话和互动的"平台"。从平台作用的角度看，科学中心发挥了鼓励公众讨论、持续对话和学习的公共论坛的作用。换句话说，科学中心是公众获取新闻信息的重要渠道，也是影响和推动社会转型的场所。

与此同时，科学中心打破纯粹说教、灌输知识的模式，转变为互动式文化场所，重新构建信息与感觉、"幻想"、兴奋、愉悦、智力激发、好奇心和想象力之间的联系。借用阿尔伯特·爱因斯坦的表述，"逻辑会带你从 A 地到达 B 地，想象力将把你带到任何地方"。

最后，我要强调并赞赏这本书中介绍的关于科学如何促进跨文化对话、实现和解与和平的实践经验。

　　我衷心希望，对本手册的使用者而言，无论是鼓励年轻人投身科学事业，支持教师为学生开设 STEM 课程，还是吸引公众参与科学，通过科学传播来提升公众参与度等，都能够成为愉快的经历。

莉迪亚·布里托（Lidia Brito）

联合国教科文组织科学政策与可持续发展处

致　谢

　　我们要感谢所有为尼日利亚大学生培训班的开发和成功付出辛勤劳动的人，该培训班于 2008 年 9 月 3 日至 18 日在那不勒斯举办，为 9 名尼日利亚大学生提供了培训课程。我们在培训班中学到了很多知识和经验，它也激发了我们将这些经验撰写成一本实操手册的灵感。

　　首先，我们要感谢宗座文化委员会主席詹弗兰科·拉瓦西红衣主教，感谢知识慈善机构副部长梅尔乔·桑切斯·托卡·阿拉梅达赞助本计划的实施。我们还要感谢尼日利亚奥韦里科学中心建设项目的发起人、奥拉韦科学中心协会主席托比奇·安亚迪克，他同劳拉、亚历桑德拉、萨比诺以及所有来自罗马大学的意大利学生们一起，关心照顾来意大利学习的尼日利亚学生们。感谢那不勒斯基金会银行协会和意大利体育信贷协会，支持在那不勒斯举办的培训课程；感谢芬梅卡尼卡集团和意大利 IBM 基金会支持奥韦里科学节。正是这些机构的大力支持，我们的项目才能顺利实施。

　　我们还要感谢那不勒斯科学城伊迪斯基金会的全体同仁，他们直接或间接参与了培训课程和奥韦里科学节的组织工作，他们的热情让尼日利亚学生们感到宾至如归。特别感谢阿尔杜伊诺·曼戈尼，他怀着极大的热情与我们一起合作完成了这个项目。

利用晚上时间上意大利语课时，尼日利亚学生们与弗朗卡和罗莎一起学习一些意大利语单词，课堂上经常爆发出阵阵大笑，让尼日利亚学生们铭记于心。我们衷心感谢来自那不勒斯欧洲公民中心的玛丽卢·瓦卡、弗朗卡·斯比罗、罗莎·乔尔达诺，感谢他们花时间富有新意地教授学生们意大利语。

在培训期间，伊萨·拉姆彭、茱莉亚·加埃塔·马尔莫和弗德里科·布里吉达向尼日利亚学生们讲授了化学表演的相关内容，在此基础上创建的"化学酒吧"也成为奥韦里科学节的一部分。

尼日利亚学生们用一整天的时间参观了卡利特里的"方形轮子"展览，皮埃特罗·塞雷塔和他的团队向学生们展示了迷人的科学现象并揭示了展品背后的秘密。我们感谢协会的所有团队，感谢他们对尼日利亚学生们的热情款待。

最后，我们特别诚挚地感谢普莱西德、德克兰、博尼法斯、西尔维娅、维维安、查丽蒂、杰纳维夫和恩戈齐，在意大利访学的两个星期，他们学习了科学传播方面的专业知识和技术，回到尼日利亚后，他们充满干劲地组织了第一届奥韦里科学节。如今，他们继续努力在临时搭建的展厅和农村地区组织活动。我们笃信，他们将成为尼日利亚科学中心未来的建设者。

安娜-玛丽·布吕亚

米凯拉·里奇奥

（翻译：霍菲菲）

目　　录

第六部分　技术附录 2——其他活动及项目

绪 论

安娜-玛丽·布吕亚（Anne-Marie Bruyas）

米凯拉·里奇奥（Michaela Riccio）*

一本手册：本书的目标读者

2008 年 7 月至 2009 年 5 月，我们在尼日利亚伊莫州首府奥韦里开发了科学中心项目。这次非同寻常的经验，以及随后与东耶路撒冷的巴勒斯坦圣城大学合作新建科学中心的工作，使我们在科学中心领域取得一系列成果并得到国际社会的认可，这促使我们编写本书，以期为那些希望参与科学传播新项目建设的从业者提供理论和实践工具。

本书作为实践手册，适用于希望通过科学传播促进可持续发展的各类读者。我们尤其希望本书能够作为培训辅助材料，引入亟须发展科学传播活动的发展中国家。

本书的目标之一是提高各类协会和当地文化界人士的认识，重视科学、技术、文化对贫困地区发展的意义，以及科学传播对实现可持续发展的战略作用。

在部分发展中国家，学校开展的科学教育和培训不足以

---

* 安娜-玛丽·布吕亚，米凯拉·里奇奥，那不勒斯科学城国际关系部，邮箱：bruyas@ cittadellascienza. it；ricciom@ cittadellascienza. it。

激发年轻人对科学的好奇心，也难以使公众意识到科学知识在日常生活中的重要性。科学技术是增强人类技能不可或缺的工具，应通过开展激发公众科学好奇心的活动，鼓励公众利用技术等，来弥合发展中国家与发达国家之间的鸿沟。因此，开展有针对性的科学传播活动非常有必要。

因此，作为一本实用性很强的手册，本书可为科学活动、综合性科学节、培训课程、创建科学文化协会或新的科学中心等不同类型的项目提供指导。

除了作为培训和指导设计策划的工具书之外，本书还可以为各类机构和地方文化服务部门开展科学传播活动提供参考。

那不勒斯科学城简介

那不勒斯科学城所在的科普园区位于一座旧化学工厂内，作为一项工业遗址①项目得以重建。它面向那不勒斯湾，位于尼西达和巴格诺利之间的波西利波山下，占地面积超 6.5 万平方米。作为一座当代科学中心，那不勒斯科学城很好地诠释了一种理念，更确切地说是一种价值观：面向所有人进行科学普及，使科学知识不再为少数特权阶级所独享，而是便于全体公众获取。这是"科学共同体"从未落纸成文但一直践行的基本法则之一。那不勒斯科学城由维托里奥·西尔维斯特里尼创立，它不仅是意大利第一家互动型科技博物馆，也是通过科学技术普及引领地区发展的场所。那不勒斯科学城的历史既

---

① 20 世纪 60 年代欧洲提出了"Industrial Archaeology"，中文译作"工业考古学"，界定为对 18 世纪工业革命以后"工业遗迹进行调查、测量和记录，有些情况下还要加以保护的研究学科"。

是关于科学知识传播的成功故事，也是构建新发展模式的成功经验：一种从衰落中走出来，进入知识社会的文化和经济模式。

倡导新的科技公民权，弥合科学家与整个社会之间的鸿沟，寻求科技资源共享，从而创造公众对话的环境，这也是那不勒斯科学城的主要目标之一。培训下一代公民和传播科学方法，对于构建一个充满活力的社会，迎接未来的挑战至关重要。通过不同的公共项目，那不勒斯科学城吸引年轻人并激发他们的兴趣和创造力，拉近年轻人与科研人员的距离，有助于他们了解当前的科学议题，以此方式引导年轻人从事科学职业。

在全球化时代，科学这一学科在提升生活质量和夯实知识经济方面起着关键作用。获得知识资源是促进经济增长的一个重要因素，这要大大归功于新兴传播技术的普及。科技创新是更好、更有效地解决问题的手段、途径，因此也被视为"具有潜在力量和资源的新领域"。这也意味着要保护和保障全体民众享有权利，共同受益于一个更加开放、融合、具有凝聚力的社会。通过各类科学传播活动，那不勒斯科学城助力经济结构合理化、完善化，以实现社会和生态的可持续发展与竞争力。2005 年，那不勒斯科学城获得欧洲博物馆学院米凯莱蒂奖，荣膺欧洲最佳科学博物馆。2007 年，欧盟委员会授予那不勒斯科学城创始人维托里奥·西尔维斯特里尼"笛卡尔奖"，以表彰其在科学传播方面的卓越成就。2007～2008 年，那不勒斯科学城两度荣获"最佳科学孵化器奖"。

那不勒斯科学城始终将工作重心放在欧洲和地中海地区，实现欧洲地区与南地中海国家之间的交流以及科学文化合作，促进跨国计划和项目实施，积极开展各种活动，将科学作为一种促进和平的通用语言。

那不勒斯科学城与那不勒斯市政府、那不勒斯大学共同发起建设欧洲、地中海和黑海天文台，该伙伴关系以和平、发展与团结的价值观为基础，开展去中心化的合作项目和活动。

那不勒斯科学城还在冲突地区和发展中国家（如巴勒斯坦、伊拉克和尼日利亚等）牵头建立创新科学项目，坚信科学文化的传播，特别是面向年轻一代的科学传播，是促进这些地区发展的必要条件。

那不勒斯科学城还与新兴国家和地区（中国和东亚）合作开展业务，包括与中国北京市、浙江省开展科技交流项目，支持这些地区开展创新体系（企业、科研院所、高校）的国际化课程和活动。

最后，那不勒斯科学城还在相关国际专业协会中发挥作用，包括欧洲科学中心暨科技馆协会（文森佐·利帕迪于2007年至2009年担任主席）；世界科学中心峰会国际程序委员会以及北非暨中东地区科学中心协会，并于2012年为地中海地区的科学传播者开办了暑期专业培训学校。

（翻译：江芸）

第一部分
社会中的科学

迈向知识社会

朱塞佩·维托里奥·西尔维斯特里尼
（Giuseppe Vittorio Silvestrini）*

"控制论之父"诺伯特·维纳（Norbert Wiener）曾预言一个新的信息和知识时代的到来，并预测它将带来大量机遇和挑战。如今已过去了几十年。几乎每个人都意识到，世界文化与经济发展已进入新的阶段，依靠的主要是科学和技术的进步，而后者，用意大利社会学家卢奇亚诺·加利诺（Luciano Gallino）的话说，是"在吸收不断增长的科学知识的基础上发展起来的"。

我们已经迈入这样一个时代，人类社会、经济发展的动力，不再是有形的、有限的资源，取而代之的是一种"无限的资源"：科学，更笼统地说，知识。工业社会取代了用人力进行农耕和以畜牧为基础的农业社会，知识社会则取代了依靠机器从事生产和以劳动力为基础的工业社会。

显然，这个时代全新的方面并不是知识本身。人类的文明进步是从人自身的进化开始的。新知识、新信息、新技术的产生始终伴随着人类的发展进步。事实上，人类学家创造了

---

* 朱塞佩·维托里奥·西尔维斯特里尼，那不勒斯科学城伊迪斯基金会主席，邮箱：silves@ cittadellascienza. it。

"能人"（habilis）一词，指的是 250 多万年前出现在地球上的早期猿人。"能人"一词正是形容这种人具有获取新信息，迅速传递信息，并将信息转化为知识，以及通过劳动和技术操纵周围环境的能力。我们这个时代的新奇之处在于——再次引用卢奇亚诺·加利诺的论断——新信息、新知识的产生和建立在不断增长的知识基础上的技术革新已经成为"技术创新、经济增长、国家经济和企业国际竞争力"的主要影响因素。换言之，在信息和知识社会中，生产能在市场上获得巨大成功的商品，越来越需要较高的知识密集度、较低的劳动密集度。

事实上，知识社会的形成是一个漫长的过程，经历了几个阶段。例如，即使在 19 世纪，人类文明的进化过程也经历了一个迅猛且不可抗拒的加速过程，当然这一现象在 20 世纪更甚。主要原因是人类系统地采用科学研究方法作为工具，不断积累知识，这在西方国家尤为突出。全方位的文化革新接踵而至，此起彼伏；每一代人都设法以某种方式成功地实现了知识、过程、价值和商品的深刻变革，对上一代留下的文明和世界进行深度改造后，馈赠给子孙后代。人们系统地应用大量知识（热力学、电磁学、材料科学、纳米科学）带来了革命性的技术应用和深远的影响（如热力发动机和电动发动机、电子学、新的通信和信息技术以及纳米技术）。它们在商品、工具和服务的生产能力方面，对人类文明产生了重大的、潜在的积极影响，能够极大地提高生活质量，但同时也是一把双刃剑。

在这个迅速发展、动荡不断的时期，有必要回顾一些关键时刻。

我们常说的"工业革命"，以机械生产体系为基础，能够辅助人力，提高实际生产力，尤其是提高制造业的生产力。工业革命（促生了电子革命，其又反哺工业革命，为机器添加了不断复杂化的强有力"大脑"）使工业化国家创造财富和提高人类生活质量的能力有了惊人的提升。20世纪上半叶，大部分家庭都有能力购买汽车、冰箱、收音机，后来能买得起电视。同时，决策权和大量增加的附加值不再为工人阶级所有，而是转移到那些掌握着生产资料的资本家手中，并且越来越集中。

·信息和通信技术革命提高了制造并传播大量信息的能力，每个人都有机会在这场无形的盛宴中获得滋养，也可以贡献信息，使信息量更丰富。同时，它作为一种操控经济的强大工具，影响着集体社会的喜好和信仰，用以发展经济、建立政权、维护文化利益。

·信息和通信技术的爆炸式发展推动了市场全球化。将信息、指令和决策实时地传送到世界的每一个角落，能够通过分配全世界的时间和秩序来架构生产体系，这取决于采用的方法和花费的成本。喜好和需求的统一化，归因于大众媒体传播方式的强大复制能力，将生产体系变成一台制造财富的骇人机器：这些财富犹如千万条细流，从边缘向中心汇聚，导致那些被排斥、被边缘化的人只能勉强糊口，甚至忍饥挨饿。

因此，知识社会的到来，既提供了重大战略机遇，也带来了严峻风险挑战。事实证明，尽管发生了危机，但人类从未创造出如此巨大的财富，同时也出现了过去未曾有过的不平等现象。知识并不能使每个人受益，受益的只是少数人。众所周知，这样的社会无法实现可持续发展。

在知识经济时代，生产加工、商品和无形服务造成的负担不断增加。然而，人类对当地和全球环境的影响却从未像今天这样深刻、巨大。众所周知，在这样的知识社会，生态环境无法实现可持续发展。

　　然而，如果选择将知识民主化而非摒弃知识，使大部分人掌握知识而不是使其为少数人所有，我们仍然有可能建设一个与上述社会迥异的世界。我们既不可能，也不应该阻止商品供应体系的创新。另外，干预需求体系是适宜的、确有必要并且事关紧急的，调整公共产品需求的方向，使其反映的是保证生活质量而非积聚私人财富。同样需要注意的是，需求体系能与这些需求相适应，哪怕不是由标准供给体系来满足的。换言之，有必要通过在与供给体系的共生关系中建立起新的机制，重启和强化使用价值经济（使用价值会考虑商品的实用性以及生产商品所需的人工成本）。另外，就现有的空间而言，有必要为供给体系找到新的"平行空间"；目前这些空间一部分被交换价值经济强势占有［在这种经济中，商品的价值不是按照其效用，而是按照传统指标（拥有这些商品的人的信誉）来衡量的］，另一部分则被基于象征价值商品生产的经济（目的是"私人物品的囤积"，而不是"提升生活质量"，从而造成浪费）所占据。

　　因此，我们不应该反对科学知识或者创新：将这种资源充分利用于供需双方，促进以使用价值为基础的经济持续发展，从而填补全球化发展造成的"真空"。

　　例如，我们可以启动本地和全球"公共产品"的生产。不仅要生产、推广消费品，更要重视体现"生活质量细节"的产品。我们可以采取行动来保护城市，或者笼统地说，使城市更加宜居，或努力保障居民健康（先预防后治疗），保护当地自然环境，对人们开展教育，注重积极利用闲暇时间。这些行动都具有社会价值，不仅满足了个体和社会的基本需求，也包含了大量的实际工作，并深深扎根于当地及当地的资源，因此难以被剥夺。通常情况下，这些行动构成了主要的收入来源，提供广泛的就业机会，能够满足社会对就业的强烈需求，而全球性竞争经济越来越无法满足此类需求。然而，上述行动的开展绝不是自然发生的，因为现在还面临着几大障碍有待移除。

首先，供需双方都存在文化障碍。我们生活在这样一个时代，成千上万的刺激因素往往导致利益分裂、相互竞争、捍卫特权，还有人为个人利益而损害集体利益，选择浪费而不是保护资源；因此，营造合作发展的文化日益重要；有必要营造一种氛围，即为了获得较满意的集体生活，可以牺牲个人的利益。为做到这一点，当这种需求出现时，供给要做到既能抢救传统知识，又能将现代科学知识"移植"过来。因此，尤为重要的是（尽管还不够!），当前已然渗透于经济和文明，尤其是供给系统（归因于强大的工业体系）的科学知识和技术潜力能够渗透到包括需求在内的社会的各个层面。这需要开展面向公众的、系统性的科普工作，将文化传承和文化创新有机整合，使公众参与制定科学政策，以推动当地创新体系的建立。

其次，经济方面的障碍，以及由其导致的组织和政治方面的障碍。应注意的是，即使对保证生活质量的环境条件的需求已广泛存在，即使对创造使用价值的行动也存在潜在需求，这种需求从经济上来说也不可行。也就是说，每个人都向往着拥有优质的生活，然而这却是人类无法实现的目标。因此，有必要利用社会和政治组织，召集一些集体赞助者，并设计相关机制确保它们可以获取足够的资源来充当有偿付能力的赞助者。

鉴于这一机制的主要目的是"自下而上"地追求生活质量，既不是资本积累也不是追求利润，因此，属于"第三部门"的协会和非营利性组织能在上述行动的组织方式和运行过程中发挥重要作用。同时，政府在其中发挥基础性作用，比如建设立法体系，提供一系列经济、财政和组织上的激励政策。当地企业也发挥着重要作用，依托于环境改善和公共资源（文化遗产、艺术和文化资源、文化传统、手工艺品、当地食品和农产品等）增加，企业得以履行使命，从而满足当地需求，同时满足遥远地区的需求，吸引国际旅游。

我们只有形成对"使用价值"的广泛需求，才能彻底把握住科学研究的发展和随之而来的技术创新所提供的一切机会。这样，才能最终建立一个民主的知识社会。

（翻译：莫小丹）

科学与社会

皮埃特罗·格雷科（Pietro Greco）*

世界已改变

世界不是正在改变，而是已经发生了改变。世界的政治地理格局已经改变。仅在 30 多年前，苏联还未解体时，世界就分为两个阵营，在意识形态、军事和经济上相互对立。两大阵营都武装到了"牙齿"，处于激烈的冷战状态，许多不结盟、毫无影响力的国家只是旁观者而已。如今，仅剩美国一家独大，但也卷入了一系列规模较小或程度较轻的冲突，而发展中国家正在寻求新的重要地位以及扮演新的角色。

经济形势同样发生了根本性的变化，主要体现在以下三个重要方面。

·世界变得更加富裕：过去 30 年，全球财富翻了一番。离我们最近的那次经济危机发生之前，全球经济已连续 40 年保持增长：20 世纪 70 年代，全球 GDP 年均增长率仅超过 3%；而到 90 年代，年均增长率超过 4%；2006 年以后，全球

---

* 皮埃特罗·格雷科，科普作家，那不勒斯科学城伊迪斯基金会创始人之一，邮箱：pietrogreco011@ gmail. com。

GDP 年均增长率稳定在 5% 左右。人均 GDP 增长率，即地球上每个公民拥有的平均财富（遗憾的是，仅就平均而言）急剧上升：1970 年，年均增长率约为 2%，21 世纪最初几年内，年均增长率升至 3%。

·创造财富的地域发生了变化：1985 年，欧洲仍然是生产水平最高的大陆（占全球 GDP 的 25%）；如今，亚洲的生产水平最高（占全球 GDP 的 36%）。除了所谓的先进自由市场国家（美国、日本和欧洲国家），中国、印度、巴西、俄罗斯和东南亚各国等发展中经济体在日益全球化的市场中扮演了主要角色。这些国家增长率名列前茅，例如，中国经济一度以每年超过 10% 的惊人速度增长。

·然而，真正改变的是财富生产的方式：我们已经进入知识社会。制造业和服务业中最具活力的公司是那些生产和应用新知识形式的公司。它们比其他公司创造更多的财富，为员工提供更高的薪酬，并在更大程度上促进了经济的总体增长。

所有这一切主要与原创性科学研究和技术创新在经济中发挥的作用相关。至少在过去的 30 年中，在全球大部分地区，研究与试验发展（R&D）领域一直随着全球经济增长而增添新的内容。为了刺激本国的经济增长和提升竞争力，许多国家的政府都开始鼓励发展知识密集型经济，这要归功于对科学技术研究的大力鼓励、基础设施的建设发展、高等教育的普及，以及各种新法规的出台。这些政策导致市场经济发展越来越依靠知识。

当前，知识密集型经济中存在至少三个关键因素，导致变化正在发生。

·研发投资在增长。在过去的 30 年中，考虑到通货膨胀，全球在研发方面的投资增加了两倍以上，由 1990 年的 3500 亿美元上升至 2008 年的超过 11000 亿美元；如此巨大的投资数额堪称前所未有，相当于全球财富的 2.1%。

·私人投资在增长。第二个结构性的统计数据是私人企业在研发方面的投入增速远高于公共投资的增速。在全球范围内，公共投资在研发上每投入一美元，私人企业就会投入两美元。

·学术研究的地理格局发生了变化。科学研究从由欧洲和北美（日本除外）所组成的两极世界转变为多极世界。各个新兴国家正在部署强大的经济和人力资源：中国、印度、东南亚各国以及巴西、墨西哥和南非等国家逐渐成为知识社会的主角。

科学与国家

1945 年 7 月，第二次世界大战欧洲战场的战事已宣告结束，而太平洋战场仍在继续，美国科学研究与发展办公室主任范内瓦·布什（Vannevar Bush）博士为美国第 33 任总统哈里·杜鲁门撰写了题为《科学：无尽的前沿》报告。

范内瓦·布什作为罗斯福总统执政时期有影响力的科学顾问，一直致力于协调、动员美国诸多科学家完成"曼哈顿计划"，帮助打赢战争。他为杜鲁门总统编写的报告标志着"科学共同体"时代来到了一个重要的转折点。布什博士断言：对于即将赢得第二次世界大战，并在此后的和平时期，致力于建立新世界秩序的美国而言，在大学中开展基础科学研究，是构建国家安全的基石。

报告认为，随着战争结束，和平时期到来，联邦政府应立即解散由布什博士本人领导的科学研究与发展办公室；该办公室为战时建立，曾经动员成千上万名科研工作者，取得了非凡的成果。尽管如此，该报告还指出，联邦政府有必要保留战时科学研究与发展办公室的理念和成功经验，并将其用于战后时期，继续动员科学家持续做出同样卓越的研究成果，确保美国能够应对战后时期的各种挑战，同时巩固美国的经济、社会、卫生、军事安全。推动学术领域的科学研究意味着包括财力、人力资源方面的巨大投入，确保相关人员能够完全自由地开展科学研究，即使涉及通常短期内无法产生实际的附带利益的纯数学或天体物理学之类的研究，也是如此。

报告出台后，发生在广岛和长崎的原子弹爆炸向全世界证明了，科学家参与战争会导致巨大的悲剧性结果，与此同时，布什博士逐渐退出政治舞台，淡出人们的视野。但是，杜鲁门及其继任者们均采纳了他的许多建议。在美国，科学无论是在军事领域还是民用领域都发挥了战略性作用。美国先后成立了国家科学基金会，联邦政府安排其支持并协助美国各高校开展研究工作，美国国立卫生研究院受命支持和协助生物医学研究工作；后来又成立了美国国家航空航天局，实现了美国的太空梦。正是因为基于范内瓦·布什的建议而做出的精准的政治决策，科学才成为撬动美国发展的主要杠杆，就职于各大学的科研工作者管理着自己所在研究领域（无论是理论还是应用）前所未有丰富的财力和人力资源；正因如此，过去70多年中，这项具有战略性的、带有政治目的的决定，使得美国成为世界上最强大的军事政权，在经济和技术发展方面始终保持全球领先。

布什博士谋划的战略取得了成功：学院科学（Academic

Science）作为发展的杠杆，推动科学与社会之间的关系发生根本性变化。约翰·齐曼（John Ziman）认为，《科学：无尽的前沿》报告直接推动学院科学转向后学院科学阶段；由于科学研究与政治之间产生了新的关联，这种转变从根本上重塑了科学界的面貌。

17 世纪初期，科学界从政治和宗教权力的约束中脱离出来，获得了自主权。科学家与政治家之间的关系（或更广泛地说，科学家与权力之间的关系）既不罕见也不疏离——代表性人物当属伽利略·伽利雷（Galileo Galilei）。1609 年，他将其改良后的望远镜上交给威尼斯共和国参议院，1610 年春，他将《星际信使》献给了科西莫二世·德·美第奇大公。尽管权力的庇护以及慷慨的资助是整个欧洲数学家、天文学家和自然哲学家的主要支持来源之一，但这种新兴跨国共同体的自主权并没有受到侵犯。这是因为归根结底，科学似乎更多的是一种文化事业，它本身就有价值，而不仅仅是一国经济和军事发展的杠杆。350 多年来，尽管政治体制不断演化，包括短期实用知识在内的科学知识不断发展，以及科学家的工作方法发生了结构性变化，但这种情况始终未变。

直到 19 世纪，科学家才作为一种职业得到了社会的充分认可，从事研究的人开始在大学里工作。也是直至 19 世纪，"学院科学"才得以建立，从而正式确立了科学家团体与国家政治制度之间的关系。

尽管发生了这种转变，但根据社会学家罗伯特·默顿（Robert Merton）的观点，围绕基本共享价值观，科学家团体（已成为学术共同体）应该遵循五个规范。这些规范的缩写为 CUDOS，即著名的"默顿规范"（见表 1）。

表 1　默顿规范

C-公有性	科学发现向全社会公开,科研成果为全社会所有
U-普遍主义	任何人都拥有从事科学研究的机会,不管其性别、种族、年龄、国籍、宗教、政治立场
D-无私利性	科学家应该以科学知识的发展为目的进行科学研究,而不是个人私利
O-独创性	产出新的、独创性的知识
S-有组织的怀疑主义	在科学界,"武断之辞"不具可信性,因为一切都可以而且必须公开讨论和验证

当然，研究并不仅仅在大学中进行。早在 19 世纪，科学家群体就在为产业或某一具体的政治目标而工作，到 20 世纪初更是如此。此外，人们系统地将科学知识用于技术创新，这对人类社会产生了巨大的影响。然而，在此期间，科学与政治之间以及科学与社会之间尚未形成有机的关联，也没有涉及整个科学界：学院科学家做研究是没有薪水的。大学聘用科学家作为授课和培训技术人员的教师，他们只在不从事任何教学工作时才能进行学术研究。在这种（正式的）次要活动中，整个科学界不受政府机构有组织、系统化的干预、监督、指导。在这种政府支持模式下，大多数有关知识（尤其是与实用科学大相径庭的基础理论知识）发展的关键决定，都是在科学界内部独立做出的。

第二次世界大战之后，科学与政治之间的关系面临转折，美国采取了四项重大举措，确定新的过渡阶段。

首先，定量方面：联邦政府开始对科学研究投入大量资金，数额相当于国家财富的若干百分点。1930 年，美国在研发上的投资额大概为 15 亿美元。20 年后，美国的投资额大概为 300 亿美元，是 1930 年的 20 倍。如今，美国在研发方面的投资额约为 3600 亿美元，是 20 世纪 50 年代投资额的 12 倍、30 年代的 240 倍。这导致从事科学研究及科研项目规划和实施（例如，人类登月计划）的人数迅速增加（如今在实验室工作的科研工作者总量之多，超出了过去历史上科学家数量的总和），这是以前难以想象的。

其次，定性方面：美国联邦政府不仅资助应用研究、民用研究和军事研究，同时也为基础研究，用现在的术语来讲——受好奇心驱动的研究——提供了可观的资金。很大一部分公共研发投资（约 20%）被划拨给纯学术科学，这类研究难以在短时间内做出有应用价值的成果（至少在短期内不以应用为目的）。

再次，科学家的工作方法方面：在某些领域，例如实验物理学领域，相关研究开始由较大的研究团体进行，并且需要大型设备和大量资金，这仅靠一家大学是无法实现的。这推动"大科学"概念的确立，其原型可追溯至二战时的"曼哈顿计划"。大规模项目——包括登月计划、大型粒子加速器、人类基因组计划——可能涉及数千名科学家和数十亿美元。

最后，关于一个决定性事实，即向科学界提供慷慨资助也具有政治动机，即使将研究方法自主性的必要性纳入考虑范围，如国会议员与政府官员讨论后做出拨款的决定。

在世界上其他工业化国家，相似的进程正在发生，只是形式不同。如在欧洲、日本、苏联等国家和地区，科学在军事和社会经济领域均发挥了战略性作用，各国都把制定一以贯之的"科研政策"作为己任。

战后一个时期，情况有了新的重大变化。原本处于分离状态的（学院）科学与政治，产生了越来越密切的交集，越来越多地相互渗透，正如伟大的经济学家约瑟夫·熊彼特

（Joseph Schumpeter）在 20 世纪 30 年代所预测的那样：经济发达国家开始将研究视为一种战略资源。

古老的象牙塔打开了它的大门，科学与社会之间的关系开始变得越来越紧密。为了换取空前的资源，科学界被迫做出重要的决定：通过包括政治家、官员、管理者和公众在内的非科研专业人士的共同参与来促进科学研究的发展。也是从这一刻起，科研工作者意识到自身的工作亟须获得社会大众的认可：科学界不得不面对"科学的社会责任"问题，并向非专业人士（向各类公众）传播科学知识，同时努力保持政治独立，这一特性一直是形成于 17 世纪的"科学共同体"的基石。

另外，科学文化及其衍生的技术越来越多地渗透到社会生活的各个领域、各个方面，因此有必要通过引导科学的发展方向而加以控制。

自 20 世纪中叶起，科学与社会之间的辩证关系成为自由社会中民主的基础要素之一。换句话说，它已成为政治因素。其后果史无前例，政治家和公众都被要求参与"科技治理"，并就科技发展做出重大决定。

在这种新型关系中，出现了三个关键因素。

·为了继续进行研究，科学家"必须"艰难地在政治团体与社会舆论之间求得共识。

·要求政治家做出重要的决定（例如分配资源）以促进科学的发展，但政治家所使用的时间尺度、形式甚至价值观与科学界内部所使用的有所不同。

·科学（和技术）不断渗透公众的日常生活，迫使公众不断做出选择，理想情况下，这些选择应该是在充分了解相关知识并经过深思熟虑后做出的。公众面临一种新的迫切需要，即"了解科学"，以达到既履行政治职能，又掌握自身命运的目的。

在这一点上，我们可以大胆给后学院科学时代社会治理的理想三角关系下定义：一方是愿意打开象牙塔门窗的研究人员，另一方是认识到科学重要性以及管理科技社会之复杂性的政治家，而第三方则是认识到科学文化对于社会和经济发展具有十分重要价值的公众。

科学与市场

只是，在 20 世纪最后 25 年里，私人研究作为第三种要素在科学与政治之间的关系中强势地占据了一席之地。私人研究的出现，导致上文中"研究人员、政治家、公众"的理想三角关系发生改变，因此有必要在此重新构建这些因素之间的关系。

最近的一次转折发生在 20 世纪七八十年代的美国，二战后的这一时期，私人企业的科研经费投入总额首次超过了美国联邦政府的投入。这也意味着研究经费的主要来源不再是联邦政府，而是私人企业，科研正朝着企业主导的方向发展，且往往带有高度具体的利益诉求。

美国科研经费结构的变化，伴随着相关政策与文化决议的出台，且后者对该变化确有促成之功，1980 年，美国官方不约而同地通过了以下三项决议。

·1980 年，经过 9 年的深思，美国专利商标局通过了通用电气公司生物学家阿南达·莫汉·查克拉巴蒂（Ananda Mohan Chakrabarty）申请的专利，以保护其开发的转基因菌种（称为"多质粒碳氢降解假单胞菌属"）的知识产权。该细菌可以吸收石油泄漏和工业垃圾中的碳氢化合物。

·1980 年，应斯坦福大学的请求，美国联邦最高法院承认斯坦利·科恩（Stanley Cohen）和赫伯特·博耶（Herbert Boyer）于 1973 年开创性提出的克隆重组基因技术的知识产权。该技术具有普遍性，这是因为它既可以对病毒和细菌，也可以对动植物的 DNA 进行分子分析，已成为生物技术实验室的重要工具。

·同样是在 1980 年，美国国会通过了《拜杜法案》（Bayh-Dole Act），该法案鼓励公共研究中心为其发明申请专利，确保获得特许权使用费，以资助进一步的研究。大学也开始为其研究申请专利，并出售给企业使用。

这一系列法律鼓励和加速了企业进入科技创新领域。20 世纪 60 年代，政府与私人资金投入比是 2∶1。现在情况正好相反：政府与私人资金投入比是 1∶2。在世界范围内（唯一的例外是意大利），2/3 的研究经费来自私人企业。

世界经济风向标改变了，这是因为它开始越来越多地以在研发强度最高的行业中所生产的高科技产品为标志。世界产业服务全球观测的数据显示，1980 年至 2003 年，全球高科技产品的销售额（考虑到通货膨胀）以 6.4% 的年增长率增长，几乎是其他产品的三倍（2.4%）。1980 年，五个工业部门占已生产商品总量的 8.1%，而到了 2003 年，它们在世界市场中的份额增加了一倍多，达到 17.7%。

然而，1980 年通过的一系列法律不仅促进和加速了全球经济的增长，还营造了科研领域以市场为导向的文化氛围，而此前，科学研究都是为公的，依靠的也是公共资金。在这种文化导向下，出现了身兼研究人员和企业家身份的新型科学家。一种新型的"企业科学"出现了，尤其在计算机技术和生物技术领域特别活跃，并在全球范围内再次重塑了科学领域的平衡关系。

学院研究和企业研究之间的联系变得更加紧密，这改变了科学研究的旧有价值观。约翰·齐曼认为，默顿规范中以CUDOS为代表的旧价值观，与新的企业价值观PLACE交织在一起（见表2）。

表2　默顿规范价值观与新价值观的对比

默顿规范价值观	新价值观	
C-公有性	P-所有权	国家财产权
U-普遍主义	L-本地的	关注各种具体问题
D-无私利性	A-权限	在管理权限下进行的研究
O-独创性	C-受委托	以实用为目标进行的研究
S-有组织的怀疑主义	E-专家	科研工作者的价值体现在解决问题的专业性上，而不是创造型"有机知识分子"

从前不存在的或是仅限于工业和军事研究领域的许多做法开始变得普遍：现在人们开始对是否将所有科学研究发现向公众开放持保留态度，或开始出现隐性或显性的利益冲突。

学院科学中引入了基于市场的逻辑后，形成了新的四角关系（科学、政治、公众舆论、经济），替代了之前的三角关系。这种改变迫使科学界反思自身及目标，这意味着今天比以往任何时候都更加需要政治来履行其职能：引导社会朝着理想的未来发展。

除了在一些科技领域，因市场占绝对主导地位而导致扭曲，还有一个方面需要特别注意：在获取知识方面的不平等性。按照市场经济的标准，知识作为一种商品，与其他商品一样，其所有者倾向于将知识归为己有而不是传播出去。那些拥有更多经济资源的群体更有可能成为新科学知识的"所有者"，因此，国家之间以及国家内部对知识获取的不平等性造成了最大的不平等。

传播与科技公民权

正如上文提到的，知识社会和知识经济的构建是一个漫长的过程，它始于第二次世界大战之后，尽管划分了不同的发展阶段，但始终以科学研究为支撑。在这个漫长的过程中，科学界与社会其他成员之间的传统关系发生了变化，科学的公共传播逐渐获得了新的角色（几乎是新的存在规程）以及新的形式。

若要构建基于知识的民主社会，就要将科学的公共传播这一新角色和新形式考虑进来。我们至少需要从以下四个方面研究科学与社会之间不断变化的关系。

· 象牙塔已经坍塌。科学与社会其他部分之间长期存在的壁垒已经被打破。科学走出象牙塔，与社会开始发生直接的联系。科学工作组织形式也进入了新纪元，约翰·齐曼将其定义为后学院阶段，其特点是科学发展的重要决策由科学群体与其他各类社会群体一同做出。所有这些都"迫使"科学家与非专业公众建立越来越紧密的关系网（同时也是传播网）。

· 传播的必要性。知识时代的标志是科学对社会的渗透以及社会对科学的渗透。由于新科学知识的产生，社会对科学知识和技术的了解越来越多。科学家不得不与非专业公众进行交流，以便与他们一起对科学发展做出重要的集体决策。社会越来越需要了解科学，这是不可避免的需要；这一需要对公民个人和集体都具有决定性意义。在知识时代以及科学与社会之间的新关系中，面向公众的科学传播（对非专家进行科学传播）不再是一种虽然可取但又可有可无的选项；相反，它现在是无法回避的双向需求：既是科学家的职业需要，也是社会其他阶层普遍的基本需要。

·传播的复杂性。科学的公共传播系统包含大量要素（各个群体和社会参与者），相互之间的关系是非线性的。社会的公共传播是通过一系列重要渠道来实现的，一些清晰可见，而另外一些则更加隐蔽，在很大程度上是混乱且不可预测的，这正是复杂系统的典型特征。

·科技公民权。建立科技公民权是知识民主社会的重要组成部分。在科学共同体的建设中，面向公众的科学传播，正如淋巴系统对人体的免疫系统一样有着至关重要的作用。

在知识社会中，科学与社会之间关系的发展可以沿着两个不同的方向演化。一种发展为专制型，它假设关于科学技术问题的决定过于复杂，并且需要快速决策，应该将其转交给专家处理，以避免产生伦理问题或造成社会混乱。另一种则发展为参与型，其认为首先哪怕是涉及科学知识应用的决定也应在民主的基础上做出，其次应该坚持"新的科学知识不应该只为了少数个人或少数国家的利益，而应该为了全人类"这一原则［由新科学的先驱之一弗朗西斯·培根（Francis Bacon）提出］。

第一个方向——专制型的科学技术民主模式，这种模式一方面将自身的伦理强加于他人并成为一般规律（伦理专制化），另一方面在生态领域，在当地进行军事化调动（将科技选择强加于民众）。

第二个方向——知识时代的参与型民主，我们面临构建科技公民权的需求，从而使社会能够做出科学技术方面的决策，又能避免陷入造成混乱和瘫痪的民粹主义陷阱。同时，社会还能够全面利用知识发展带来的机会，并最大限度地降低各种风险和社会不良影响（例如，知识获取能力存在巨大差异，加剧了不平等现象）。

科技公民权赋予了知识社会民主性，其概念实际上是什么？涉及哪些方面？如何对其进行建构？这些问题都没有明确的答案。但可以肯定的一点是：不能仅将科技公民权简化为政治层面的意义，或换句话说，简化为在面对涉及道德敏感的科学决策时的一种民主决策手段。

这并不意味着知识社会的政治维度只发挥微不足道的作用。如果是一个决定垃圾场位置或医疗辅助生育技术、生前预嘱或应对气候变化的策略的问题，那么有必要寻找最佳实践和最佳公开讨论场所，而做出决定无须放弃最大效率原则或最大民主原则。换句话说，这涉及寻找平衡点，在这些平衡点上，股东（通过民主授权的机构和专家）以及利益相关者（与争议息息相关的利益相关者）各方都拥有讨论并共同参与决策的权利。

这个问题并不简单。成熟的科技公民权需要不断丰富发展，尤其需要将文化维度的发展摆在优先位置。科技公民权意味着以有据可依的方式行使自己的权利。这涉及科学公共传播的重大主题，学校和大众媒体是科学传播的中心，鉴于科技公民权的文化维度既包括最大限度、最有效的传播，也包括获得信息和生产信息的权利，这也非常重要。这是国家内部和国家之间新的不平等——产生文化鸿沟的关键所在。最后是质量问题。信息不等同于知识。信息是一个可明确定义的术语，是定量的、可以衡量的。知识是对信息进行高度复杂的加工，能够在人与人之间、学科之间建立联系。因此，科技公民权必须根据其文化维度，即信息的准确性、获取信息和知识的途径以及知识的质量来构建。

只有确保文化维度的丰富和充实，才有可能较好地发展科技公民权的另一维度——社会公民权。从本质上讲，这意味着不仅能够平等地获取信息和知识，而且要对信息和知识带来的利益进行大规模的再分配。无论是科学，还是科学的应用，都必须是为了全人类的利益。从这个意义上讲，环境质量对于发展而言是至关重要的问题。知识经济只有具有生态可持续性，才具有社会可持续性。反之亦然。

因此，科技公民权的第四个维度，就是经济公民权。现今，为确保对信息和知识的垄断，大公司之间的关系极度紧张。这对科技发展是非常不利的，在信息和知识自由传播的地方，科学才拥有最强的创造力。事实已证明，在高度创新的环境中知识经济发展得最好，因为知识经济可以自下而上的发展——换言之，可能从生产知识高度附加的商品或提供此种服务的小公司，尤其是合作企业开始发展。只有发展科技公民权的经济维度，如通过与知识垄断和寡头做斗争，并增加知识附加商品的生产、提供更多知识附加服务，我们才能真正开始考虑解决当代社会最大的问题：不平等现象。

总之，我们生活在一个日益以科学知识和技术创新为特征的世界。因此，我们需要扩大科技公民权。我们仍然不知道如何明确地界定科技公民权。不过，可以肯定的是其各个层面，包括政治、文化、社会以及经济维度都指向参与性，即从形式上和实质上扩大民主。

它还意味着传播：公开透明的传播。现在，社会再一次呼吁科学打破"保密范式"，正如 17 世纪时发生的那样。

（翻译：莫小丹）

科学传播一览

路易吉·阿莫迪奥（Luigi Amodio）[*]

引言

阿尔伯特·爱因斯坦（Albert Einstein）在自传中回顾童年时光，提到了一个感人场景：

> 当我还是一个四五岁的孩子时，父亲给了我一个罗盘，我惊奇地发现：罗盘的指针总是指着固定的方向，根本不符合那些无意识概念世界中事物的情形。我现在还记得，至少我相信自己还记得，这个体验给我留下了深刻而持久的印象。

当然，很难说上述经历就是促使其走上科学道路，做出当代科学最非凡成就的重要"时刻"。但可以肯定的是，这位伟大的德国物理学家的故事启示我们（其中饱含的激情也起到一定作用），在认识主体与世界之间无休止的对话中，因真实

---

  * 路易吉·阿莫迪奥，那不勒斯科学城馆长，邮箱：amodio@ cittadellascienza. it。

体验而产生的惊奇感发挥了重要作用。的确，爱因斯坦说，他最主要的情绪是惊奇、惊讶和陶醉，这些情绪并非源自某个惊人的或"骇人听闻"的事件，而是源于一根小小的罗盘指针，其出人意料的行为激发了一连串的情感和成熟思考。而且值得强调的是，这是真实事件，是实际现象，而不是简单的、想象出来的事件。自然界的现实及其"简单"现象，给年幼的爱因斯坦留下了深刻而持久的印象。

我认为，对现象的好奇以及与现象的直接接触这两个方面，是对目前从事普及科学知识和科学方法的人提出的最大挑战。在我看来，上述挑战已经得到了很好的解决：在全球范围内，在科研和媒体高速发展的年代，科普行业也不断发展壮大，开发了大量的科学体验。

科学博物馆的科学传播

本文的目的是阐释当代博物馆和新一代科学博物馆当前采用的科学传播方法。同时，还将特别关注它们内部发生的变化，例如文化和经济活动之间的相互结合、地方变革、新传播技术的引入。这里提出的观点和内容，很大一部分源于对科学传播过程中出现的实际问题的观察，尤其是在城市转型以及新技能和新职业出现的背景下开展的科学传播。显然，大多数观察结果都是从笔者任职了多年的那不勒斯科学城所开展的活动中得出的，同时也包括对一些欧洲博物馆、科学中心、当代艺术博物馆、与旅游业相关的场所开展的活动的观察。本部分将讨论以下主题：科学博物馆与新型科学中心之间的区别，特别是二者在转型方面的差异；各类科学传播实践，包括与各类媒体的合作及使用的技术；虚拟现实的概念和新技术的作用，包括工具性作用；还有一些对科学、社会与公民之间关系的思考。

从博物馆到科学中心

我们可以从《牛津词典》中对"博物馆"的定义入手，尝试分析如下。

"博物馆"（名词）是用于存放和展示历史、科学或文化物品的建筑物。博物馆藏品：①适合博物馆展出的物品。②贬义词，遵循传统的人（老古董）。

根据以上定义，我们可以明确三个概念。第一，博物馆是一个存放和展示物品的地方。第二，这些物品、文献和考古发现通常是年代久远的、稀有的，因此是有价值的、重要的。第三，这个词会让人联想起"无用的事物"与"老古董"，此时，"博物馆藏品"已然成为一种侮辱，哪怕是为了幽默而用。

这三个概念的转化（以下讨论的主题）代表了本书的核心。本书中分析的博物馆，不是器物的存放处，而是体验的提供者。博物馆展示的实际物品并非罕见的，仅在少数情况下它们本身具有价值，但它们为观众提供的体验却是独一无二的；最后，博物馆是具有不断变化能力的突变体，这一特性让它们能够适应当今世界，满足其需求。

在我们熟知的、一提到这个名字就自动想到的当代西方"博物馆"出现之前，其前身是什么呢？

在过去，直到中世纪，对奇珍异宝、战利品、祭祀品和来自异域的自然奇物等的展示都是权力的象征。从"博物馆"一词延伸开来，甚至原始社会的"夸富宴"都可谓是现代博物馆的起源，这种炫耀物品的行为，源于人类无法抑制地展示权力的需求。卢浮宫和大英博物馆等大型博物馆（仅举两个著名的例子）是名副其实的用来保存战利品的国家仓库，是帝国权力一个鲜活的证明，以炫耀的方式警告战败国和军事对手。

随着人文主义的兴起，以理性方式收集藏品的风气开始盛行。费拉拉的统治者莱奥内洛·德·埃斯特的"橱柜"，以及乌尔比诺的费德里科一世·达·蒙特费尔特罗，曼图亚的侯爵夫人伊莎贝拉·德·埃斯特，都是非常有趣的例子。佛罗伦萨的美第奇家族弗朗切斯科一世的收藏，奠定了首座现代博物馆——乌菲齐美术馆的基础，在这里，文化面向"所有人"传播，也回应了新兴社会阶层和新兴社会组织的出现。

后来，北欧的"奇观相机"和法国的"珍品展柜"成为现代科学博物馆的前身，我们会发现，这种早期学院科学的形式，往往是源于私人收藏。

我们认为按照不同的发展阶段，对"科学博物馆"进行界定十分重要。

第一代科学博物馆要求观众"只能看、不准摸"，通常会收集和保存器物（通常是罕见的），类似于艺术、考古和历史博物馆。20世纪初，某些（尤其是专门介绍技术的）博物馆首次出现了互动体验，展品是按比例复制的机器、操作设备及其他机械设备，观众通过"按一下按钮"，观察展品模拟机器工作。显而易见，第一代科学博物馆的主导理念是实证主义。这些博物馆往往是由世界博览会衍生而来的，博览会结束后将展览中的各类展品存放于专门建造的临时场馆中。这些博物馆是对当时科技成就的颂扬，正如意大利诗人莱奥帕尔迪所说，这些博物馆是对"宏伟而先进的命运"的赞颂；比如，慕尼黑博物馆公开声明其"教育"性质，旨在为工业大都市的工人阶级和市民服务。伦敦的自然历史博物馆（1881 年成立）是自然科学的重要展示场所，其他场馆，如慕尼黑德意志博物馆（1906 年成立）、伦敦科学博物馆（1928 年成立）以及更具创新性和"激进性"的巴黎发现宫（1937 年成立）都充分代表了这种类型的博物馆。第一代科学博物馆的展品包括器物、科学发现、各种类型的机械，它们陈列于玻璃柜中，特征是静态展示、不可触摸。

第二代科学博物馆指的是下文称为"科学中心"的博物馆，该术语在大多数情况下并不体现在馆名中，例如意大利里雅斯特的 Immaginario Scientifico 和那不勒斯的 Città della Scienza，其馆名中都没有"科学中心"（Science Centre）。成立于 20 世纪 60 年代末的美国旧金山探索馆和加拿大安大略科学中心，完全颠覆了传统博物馆的做法，正如我们下文将提到的，科学展示的动态方式逐渐兴起。这些博物馆展示的不是静态藏品，而是"亲身体验"型展品：从本质上讲，它们所展示的体验，其价值不同于传统博物馆中的"交换"，而是在于"使用"。这种使用价值来自情感、好奇心以及这些展品所能传达的实验性内容。因此，以"尽情触摸"为标语，科学中心的准则可以用探索馆的馆内题词来概括："不闻不若闻之，闻之不若见之，见之不若知之，知之不若行之"，这句话简洁地表达了互动传播的精髓。在这一背景下，我们也见证了将个人计算机和多媒体引入展览这一重大变革为后来的展览风格和内容更彻底的创新铺开道路。从历史的角度来看，值得强调的是，这种科学传播模式取得了巨大成功，并快速推广至全世界。在欧洲，第一个引起公众和传播学领域学者（不仅仅是科学传播领域）关注的科学中心是科学与工业城，俗称"维莱特",1986 年在巴黎建成,名字来源于该科学中心成立时所在地区的名字;它也代表了一种国际模式,即改造曾经的生产场地(如屠宰场和市场),赋予其文化功能。

很难用文字描述一件体验型展品。我们只能说,这种展品的典型例子是再现一种自然现象——最好是物理现象,再配上说明牌,常用到三个标题——"做什么",即如何启动设备;"观察什么",换句话说,发生了什么变化,观察物体的行为,可测量和可观察的参数的变化;"发生了什么",用日常用语对观察到的现象背后的规律进行科学解释。除了这些设备,科学中心的另一个显著特征是重建"实验室",包括简化版的实验室活动,由教学活动、模块、演示等构成,以及由讲解员与公众合作并有公众参与的小型科学展示。

那么,世所公认的现代科学中心创始人是谁?

弗兰克·奥本海默 1912 年出生于纽约一个德国犹太人家庭,是曼哈顿计划的主要成员之一、知名物理学家罗伯特·奥本海默的弟弟。弗兰克和他哥哥一样,从小就对科学有着浓厚的兴趣。他 1933 年从约翰·霍普金斯大学物理系毕业,后来赴英国剑桥大学学习,完成学业后于 1935 年返回美国。

在此期间,他认识了经济系学生杰姬·夸恩,后来二人结为夫妻。杰姬对弗兰克的生活和探索馆的创立起到了非常重要的作用。1937 年,他们一起加入了当时的美国共产党。像当时大多数年轻知识分子一样,他们受到德国和意大利的法西斯主义兴起以及西班牙内战爆发的影响。两人都在 1940 年退出了共产党,但是这段经历(如下所述)对他们后来的人生选择起到了决定性的作用,并间接影响了他们在旧金山建立博物馆的决定。

众所周知,1938 年末至 1939 年初,德国进行核能研究的军事影响波及整个世界，迫使科学家们别无选择地开展核能研究，尽管在此之前他们一直拒绝进行军事领域研究。曼哈顿计划的相关史实已经家喻户晓：1945 年 7 月 16 日，奥本海默兄弟在防护掩体中目睹了历史上第一次核爆炸，后来据罗伯特描述，爆炸的亮度"比一千个太阳还亮"。第二次世界大战结束后，弗兰克·奥本海默回到美国加利福尼亚州从事第一台线性质子加速器的研制工作。后来，他接受了明尼苏达大学的教职，从事宇宙射线性质和起源的研究。与此同时，美国的政治局势发生了深刻的变化，苏联已成为其主要敌人，冷战达到了顶峰。

弗兰克和他的妻子很快就被政治流放了。弗兰克·奥本海默不得不放弃他的大学教职，并与家人一起搬到科罗拉多州的一个牧场生活。他们原以为只是在那里暂住，结果一待就是十年。在这种不同寻常的流亡状态中，弗兰克和杰姬获得了许多经验，正是这些经验推动了探索馆的建立。经营一段时间的牧场以后，弗兰克开始在帕戈萨斯普林斯学校里教授科学、生物学、化学和物理课程，同时，他在学校里开设了一门关于电的课程（只有一间教室！），他自己的孩子们也学习了这门课程。

正是这段经历，让弗兰克开发出或者说是重新发现了一套基于直接体验来教授科学的方法，这也成为探索馆的标志。弗兰克要求学生们利用周围的环境，研究机械物体或自然现象。这种方法很快传开了，1959 年，弗兰克获得了一个工作机会，为科学教师授课。

此外，苏联发射人造卫星（1957 年）激发了美国公众对科学研究的热情，这几乎成了一种爱国主义运动；同时，也拉开了美国科学课程全面改革的序幕，特别值得一提的是，弗兰克的老朋友——麻省理工学院的杰拉尔德·扎卡里亚斯编写了《物理科学教学大纲》（PSSC）。"小学科学教学"的理念源自《物理科学教学大纲》，最终使弗兰克和他的同事们相信儿童与科学现象之间直接互动的绝佳效果，以及将这种教学方法运用于所有年龄范围和不同教育程度的潜力。

重返高校后，弗兰克注意到科学的教学方法和学生对科学学科的态度并没有发生太大变化，学生们学习的目的仅仅是谋生，而缺乏对知识的热情。从经济角度而不是知识角度来说，懂科学使人有机会谋求一份高薪工作。同时，科学技术的发展日新月异，将这些领域逐渐与日常生活拉开距离，导致公众对科技的态度倾向于盲目信仰或恐惧，而不是渴望理解和掌握知识。在这种情况下，弗兰克果断地将精力从研究转向了教学，出色的工作为他在教育领域赢得了巨大的影响力。他获得美国国家科学基金会的资助，为物理入门课程设计一个新的教学模式。利用这笔资金，他建立了"实验资源库"（包含100个实验），这后来成为探索馆的雏形。

1965 年，促使探索馆诞生的另一个决定性的重要事件是：弗兰克前往欧洲开启他的研究之旅，途中他参观和研究了当时最重要的三座科学博物馆：伦敦科学博物馆、巴黎发现宫、慕尼黑德意志博物馆。经过研究，他萌发了在美国建立一个大型科学博物馆的想法，其特点是（在科学博物馆的基础上）进行一些重大改革，最重要的是在内容和传播方式上有所创新。尤其是将注意力聚焦于知识的认识和发现过程而不是学科上，并有意识地避免营造技术至上的氛围——其典型是伦敦科学博物馆和慕尼黑德意志博物馆，它们的设计意图是向公众（特别是工人）宣教工业发展之非凡力量。与此形成对比的是，（在弗兰克·奥本海默的设想中）观众将最大限度地

35

与展品互动，这样也能使他们克服对本来只需要按动按钮即可启动的设备的畏惧心理（与那些主流参观方式为"只看不摸"，且将展品置于展示柜中保护起来的传统博物馆相比，这也是极富创造力的一个特点）。

在这种氛围下，弗兰克用"林中漫步"的比喻来描述他的博物馆理念："人们可以独自前往或结伴而来的一个地方，在这里可以探索自然界，并与他人分享自己的发现。但我们在森林中的所见受限于我们的感官，也许需要借助放大镜。在博物馆中，使用特殊的工具可以拓展人类观察的范围，揭示不为人知的隐秘世界。"

从那时起，他开始将创建博物馆的想法付诸实践。他让夫人杰姬负责博物馆的选址，最终定在旧金山。从 1967 年弗兰克前往加利福尼亚州进行首次调研到 1969 年探索馆开馆的两年间，其工作主要是"游说"。必须形成共识、得到支持，尤其是募集资金。然而，这段时间的工作也充满创意，首先就是为博物馆命名：第一个想法是 MOSAIC（科学、艺术、工业和手工艺博物馆），不过，随着场馆"探索"的主题日益明确，奥本海默夫妇最终决定选用"探索馆"作为它的名字。1969年 2 月，探索馆馆址定在了旧美术宫，这是一座 1915 年为庆祝巴拿马运河开通而建造的大型建筑，坐落在迷人的滨海区。

忠实于互动性理念，探索馆的创始人决定先开馆，然后再开始内容制作，将展品制作过程向公众展示，实际上是鼓励公众参与创作过程。1969 年 8 月 20 日，这个奇特的新馆对外开放了，观众们纷纷不期而至。在公园里玩耍的游客和好奇的围观者偶然地发现了这个博物馆，然后走进去一探究竟。当时，几乎没有展出任何展品，只有一些人在努力工作，还有一块牌子，上面写着"建设中的探索馆，一个致力于提高认识的社区博物馆"。

从那天起，探索馆成为科学博物馆学领域的一个重要参考。除了判断力或个人品位之外，这座博物馆还象征着对传播源与传播对象之间关系的创新性理解，这一点甚至超过了建新馆本身。

在长篇大论地介绍了第一家科学中心的诞生之后，接下来介绍的是第三代科学博物馆。第三代的特点主要体现在新的信息和通信技术的作用上，这些技术构成了主要的互动手段。另一个关键要素是第三代科学博物馆拥有种类丰富的展品，它打破了第一代、第二代科学博物馆以"教育"和"培训"为特点的传统。最后，观众可以从不同维度进行体验，因为新技术打破了过去使用博物馆的时间-空间壁垒（正如我们将在下文看到的那样，并没有除去"博物馆作为场馆"的"物理"性质）。

第三代科学博物馆展品的一个例子是林茨电子艺术中心的"电子区"。这个带有互联网组件的机器装置使网络社区能够规划和建造建筑结构，并与虚拟社区的其他用户分享信息。例如，远程用户可以使用一个叫作"电子花园"的类似装置来"照料"该中心入口处的花坛。

奥地利博物馆完美地诠释了第三代科学博物馆的模式：新技术构成了观众与博物馆之间主要（也许不是唯一的）的智能界面，使观众适应博物馆建筑的实体结构。例如，通过传感器，博物馆内的监控可根据观众的身高进行调整；除了发挥自身的功能以外，电梯也是一件艺术品。上述例子中，在线访客的虚拟参观打破了博物馆与外部世界之间的障碍，延伸了博物馆的时间和空间。

另一个更传统的例子是伦敦科学博物馆的惠康翼展厅，

这是一个广泛基于新技术的互动区域，是对博物馆传统参观模式的补充。在这种情况下，新技术的特点主要是将博物馆的内容延伸到博物馆之外，并成为与观众建立对话的永久性工具；例如，它的网站可以"个性化"设置某些功能并将展览区的一些体验放入"虚拟公文包"中。

论及博物馆互动性科学传播模式的推广和成功，惠康翼展厅可以说是其中的典范，它代表了根据"科学中心类型"对传统博物馆进行创新的成功案例（慕尼黑德意志博物馆、巴黎发现宫和许多自然历史博物馆等历史悠久的机构也开始采用这种方法）。

这种成功还体现在全球范围内新建的科学中心数量逐渐增多，各类科学中心协会纷纷成立：北美科技中心协会（ASTC）、欧洲科学中心暨科技馆协会（ECSITE，及其英国和德国分支机构）、印度国家科技馆协会（NCSM）、亚太科技中心协会（ASPAC）等。为进一步强化各个协会之间的交流，世界科学中心峰会应运而生，每三年召开一次，供成员面对面交流经验，分享最佳实践案例。峰会为不同地域提供了对话的机会〔各届峰会举办地：芬兰赫尔辛基（1996 年）、印度加尔各答（1999年）、澳大利亚堪培拉（2002 年）、巴西里约热内卢（2005 年）、加拿大多伦多（2008 年）和南非开普敦（2011 年）〕。

一些深层次的思考

显然，上文提到的三种类型并不是将展品和各种体验以科学中心的名义加以统筹的唯一方法。意大利乔万尼·阿涅利基金会发起了一项名为"科学中心的国际经验"的研究，对科学中心的类型和模式进行定义。虽然此项研究可追溯到

1998 年，但它仍然是意大利对科学传播新模式进行的最清晰的分析之一。该研究分析了欧洲和美国的 12 个案例，设定了一系列指标：规划、文化基础、后勤保障、服务和设施、资源以及发展前景。该研究得出了 6 种类型的定义，下面将对其进行简要描述。

第一种类型——教育型服务中心：以开展科学和技术教育为主，以上文讨论的旧金山探索馆为代表，其重要性无须重申。值得强调的是，探索馆最近的角色定位正在发生"转变"，即通过参与活动的形式，为学校教育体系提供支持（有时与其他机构合作），在正式学习和非正式学习之间搭建"桥梁"。

第二种类型——科学博览会：侧重科学技术的娱乐性，这与第一种截然不同。尽管也是以动手体验型展品为基础，但这些中心（例如研究中提到的西雅图太平洋科学中心）的主要目的是娱乐大众，定位是主题公园、游乐场的替代选择。从科学和教育的角度来看，科学博览会没有那么高深，更注重市场营销和推广，尽管方式非常简单（甚至是琐碎），但也有助于科学知识的传播。

第三种类型——"科学集市"：主要关注科学与技术之间的联系，以及它们对社会的影响。"科学集市"讨论的内容是，人们创造了"科学"与"技术"这两个术语，并对二者下了定义。例如，阿姆斯特丹尼莫科学博物馆（原新大都会）和伦敦科学博物馆的惠康翼展厅。这两家机构都已被目前在欧洲运营的新一代科学中心所"超越"，但在进行这项研究时，它们代表了国际舞台上的开创性场馆（实际上，当时的惠康翼展厅仍处于规划阶段）。

第四种类型——"创新监视器"：探索科学前沿，特别是技术应用领域并向公众展示。这一类型的所有例子都位于美国（而类似的欧洲机构则更侧重于科学教育以及技术应用的展示）：位于巴尔的摩的哥伦布中心，位于阿克伦的发明家中心，尤其是圣何塞的技术创新博物馆，这是地地道道的硅谷"博物馆"。它集中展示了计算机科学领域研究成果，为该地区的经济发展和社会福祉做出了巨大贡献，从文化的角度来看，标志着人类历史上的一个重要篇章。

第五种类型——科学城，其设计目的是科学普及，或者用时髦的术语来说，就是培养综合性场馆，从而提供方法和工具，使公众适应日新月异的科学技术世界。其代表是广为人知的位于巴黎的维莱特科学与工业城，名字来源于其所在地区。该地区经历了城市升级改造的过程，法国政府非常重视科学工业城，大力支持其运行和维护。它代表了建立国家卓越科学中心的承诺，就其活动和整体影响而言，关乎首都乃至全国的科学知识和技术领域。

第六种类型——"当地发展的孵化器"，科学和技术构成该地区经济增长的主要因素。该术语意味着，这类场馆的目标是除了提供自身使用的方法和工具，还通过传播科学信息和促进文化创新——未来以知识为基础的经济发展的必要条件——来振兴当地经济。那不勒斯科学城整合了具有教育和示范功能的科学中心和科学技术园区（商业创新中心和高级培训中心），是 12 个案例中唯一的一家意大利场馆。

现状

上文为我们生动描述了科学博物馆的整体状况，这个"家族"的发展势如破竹，各种体验、风格、角色和互动形式是其影响力的来源。不仅如此，过去那些关于传统场馆与创新场馆孰优孰劣的争论也逐渐停止，取而代之的是针对如何消弭"博物馆"与"科学中心"之间差异所做的尝试，至少在较高层次的理论研究和实践中是这样。同时，二者陈列与展示的形式趋于融合，关键在于不断变革，并向新的模式发展。同时，博物馆的工作人员无论是在数量上还是素质上都不断提升。这个群体变得越来越有组织，不断成立新的机构，共同商讨发展大计，协同行动。

与公众关系的进化

科学中心与公众的关系，以及此类文化场所更广泛的作用值得进一步研究探讨。

首先，科学中心以公众的需求为中心，而传统博物馆则是致力于收藏的机构。这一点，不仅清楚地体现在展览策划和博物馆学学科方面，也体现在将公众视为场馆内有血有肉的"使用者"方面。因此，科学中心尤其重视"公共服务"，无论是提供餐饮还是开设无障碍通道，抑或是设置参观过程中的休息区。

其次，除了传统的保护和增强功能外，新的功能也越来越完善。因此，博物馆和科学中心正在成为公共客户或终端用户的"服务机构"，其部分目的是实现经济目标。除了提供传统的导览服务外，科学中心也面向学校和公众开展教学和教育活动，为低龄儿童提供活动，为教师提供进修课程，为学校和其他机构的创新教育项目提供技术援助，为公司和公共机构开展综合传播项目，提供职业指导服务，为其他博物馆、组织、公司等提供展览策划和设计支持，这些都越来越常见。

同时，我们也见证了科学中心的展览内容发生了重大转变。越来越多的场馆难以明确自身的定位，特别是涉及艺术与技术之间的关系时。例如，奥地利林茨的电子艺术中心或德国卡尔斯鲁厄的艺术与媒体中心，它们将艺术、科学和技术融合在一起，同时向科学中心的代表性观众（例如儿童）开放。除了内容之外，另一个明显现象是将旅游营销纳入博物馆品牌链。其主要特点是与城市升级改造项目和当地市场再投放等相关，包括那些由于历史原因一度与当地脱节，后来作为"优质品牌"隆重推出的场所，例如，古根海姆博物馆、毕尔巴鄂博物馆、伦敦泰特现代美术馆。

艺术在科学博物馆中地位的改变，展示了与西方世界历史相关的历时表，其中四个维度具有潜在的关联：

· 经济和地方组织；

· 社会结构；

· 科学研究体系；

· 博物馆/展览类型。

列表中应特别注意的是第四阶段发生的事情。就"学院科学"的组织而言，博物馆的演变历史代表了知识遗产的整合，但最近几十年的发展历程则完全不同。大众传播的普及和日渐普及的新技术也影响着相关工作的组织开展，与新的生存维度紧密相关，在这个维度，知识持续更新、调整，将过去单纯的消费者转变成知识和信息的生产者，知识经济使消费者参与"工作"，从而大大增加了文化消费活动。这一趋势极具代表性和象征性的例子是，第二代和第三代科学博物馆高度重视互动性和观众参与。这种现象在那些以新技术为主要内容的场馆中更为突出，甚至是互动型展品也被以信息为基础的产品（如多媒体、模拟设备、多媒体界面等）所取代。

总之，当今的科学博物馆似乎变得越来越不保守，其展示当地历史这一功能逐渐弱化，开始扎根于建筑作品或当地营销计划，而且运营方式越来越像企业；然而，与此同时，它们为观众或公众提供了大量的附加服务（反映了它们的新特性）。最后，无论是好是坏，它们对观众的需求越来越敏感。

博物馆、科学和社会

正如我们所见，探索馆是科学博物馆学历史上的一个关键转折点。在讨论本部分的主题之前，值得简要回顾一下探索馆的显著特征，其模式启发并推动了世界各地多家类似场馆的建立。

第一个显著特点是互动性，以展示可以体验的展品为基础，而不是像传统博物馆那样展示具有自身价值的器物。动手操作类展品（需要操作才能再现现象）是从欧洲大型科学博物馆（如慕尼黑德意志博物馆或伦敦科学博物馆）类似设备经过创新演变而来的；几十年来，它们已成为全球科学中心的主要吸引力。除了动手操作类展品因潜力没有得到充分发挥而被轻视之外，互动性自然是指科学的内在特征，换句话说，是科学的实验性。

第二个特点出自探索馆的《使命宣言》（第一版，后来经过简化和更新），即实现科学的民主使命及其社会化。"探索馆的使命是通过创新的环境、项目和工具，创造一种学习文化，帮助人们（不同年龄、出身和背景）培养对周围世界的好奇心。"

博物馆，或更确切地说是科学中心，不仅仅是让所有人都能参与其中，从而尽可能分享科学成果及其影响的开放空间；

它还是一个基于人人平等（无论年龄、国籍、背景……）的培训场所，在像美国这样的社会（如同一个种族和文化的大熔炉）中，其首先在认知层面和教育层面发挥作用。

第三个也是最后一个方面是美学层面的特点。探索馆最初的目标是建成"艺术、科学和人类感知的博物馆"，它非常明确地想方设法与观众建立关系。它将自然现象的美感和含蓄的优雅作为一种"诱饵"来吸引观众的注意力，激发他们的好奇心，从而引导观众理解相关的科学原理。基于此，探索馆的策展人决定委托艺术家来创作动手体验类展品，于是，艺术性美感以一种显性的方式回归了。

正是在这些基础上——在此简要总结一下——至少在20世纪90年代中期之前，新一代博物馆兴起，传统博物馆成功转型。在这个时间节点，科学和技术在当代社会中的作用也明显转变，并驱使从事这一领域工作的人们提出新的方法。

第一种转变涉及科学技术研究的认识结构和组织结构，可以概括为学院科学向新的后学院状态的过渡。

这里使用"学院科学"一词来定义我们通常所说的"纯科学"或广泛意义上的科学。它出现在17世纪科学革命时期的西欧，罗伯特·默顿将学院科学的特征总结为：公有性、普遍性、非私利性和谦虚性、独创性以及怀疑主义。

"后学院科学"出现在第二次世界大战结束后，直到最近才显现出来。它既取决于科学的外部因素，也取决于内部因素，因此还取决于科学技术日新月异的发展和科学技术之间日益增强的相互依赖性。

正如约翰·齐曼所言，这种新的科学状况的特征是：集体化、限制科学发展、知识增加，以及科学的政治化、工业化和官僚化。

然而，在这种情况下，最有趣的是，在后学院框架下从事科学工作的人数不断增加。可以说，面向非专家的科学传播已经成为一种完全属于科学研究的内部活动，对其自身发展尤为重要。

根据皮埃特罗·格雷克的说法：

> 在这个时代，科学家的工作方式，重新定义了面向非专业公众的科学传播对科学自身发展以及对整个社会文化建设和公民成长的作用。因此，我们可以假设：面向公众的科学传播对科学本身的发展起着重要作用。

同时，由于当代科学的本质以及新的生命科学的出现引起的范式变化，科学对日常生活和社会的影响也发生改变。由于现代生物技术、纳米技术等的出现，当前针对科学的观点越来越关乎其可能直接触及生存本身，从而出现了前所未有的社会、政治、法律和哲学问题。在这种情况下，无论是技术官僚论（只有"专家"才有资格发表自己的观点）还是生物伦理论（仅参考个人的道德价值观），都存在着明显的局限性和不足。另外，按照科学社会学家马西米亚诺·布奇（Massimiano Bucchi）的说法：

> 非专家参与技术和科学过程以及科学专家参与公开辩论在很大程度上是一个硬币的两面。它们有共同的根源，往往是相互促进的。理解这一点很重要。

现在越来越需要在科学、社会和公民之间建立新的对话和讨论形式，这种形式的组织性比以往任何形式都要好得多。

45

最后一个要考虑的方面可以定义为"语言的转折点"。它与计算机革命有关，后者的前提条件和影响早在 20 世纪 60 年代和 70 年代就可以大致预见。自动化工厂中越来越广泛地使用新的信息和通信技术来生产有形商品、无形商品，并提供相关的产品和服务，使"语言"——更广泛地说是符号的操纵——重新发挥了核心作用。其主要影响之一是，在价值生产中，服务的最终用户在不知不觉中进行的工作被归入价值的一部分，这类用户因此成为财富的创造者，而这些工作过去则是免费的。当代资本主义和大众传媒的组织体系的主要特征之一，是在日常生活中日益广泛使用新技术。信息社会理论家曼纽尔·卡斯特尔（Manuel Castells）有说服力地描述了这种情况：

> 在网络社会的理想形态下，文化转型的过程超出了社会和技术生产关系的范畴：它们也深刻地影响着文化和权力。文化表现形式从历史和地理中抽离出来，主要受电子通信网络的调节，这些网络在不同规范和价值观下与受众互动，最终，被纳入数字视听化超文本。

所有这一切对科学博物馆的传播实践产生了明显的影响。可以说，在学院科学时代，科学进入博物馆的过程基本上发生在大型科学和自然历史博物馆中，随后发生在科学中心中。但是，在新的信息与传播技术广泛使用的后学院科学时代，在那些经历了显著变化的场馆中，我们目睹了新做法在展陈和博物馆环境利用这两方面的兴起。让我们来看在意大利和国际上的几个案例。

第一个例子是 2004 年 9 月在巴塞罗那对外开放的宇宙盒

科技馆，它是在旧的科学博物馆基础上大规模翻新重建的。乔治·瓦根斯伯格（Jorge Wagensberg），宇宙盒科技馆的馆长，现任银行基金会科学部门的负责人，用"整体博物馆"的概念来定义这次重建。简而言之，宇宙盒科技馆整合了各种类型的科学展品（藏品和考古发现、动手展品、活体动植物等）；重申统一知识形式的趋势，而这种趋势在现代科学中往往会因为逐步的细分和专业化而消失。瓦根斯伯格以"从夸克到莎士比亚"的口号来概括其博物馆的内容，强调互动性不仅包括"动手"体验互动类展品，也包括"动心"感受真实生命和"动脑"思考抽象体验。

第二个例子是伦敦科学博物馆的达纳中心，它反映了博物馆的根本变革，在这里，真正引发兴趣的对象是对话。达纳中心于2003年开放，比惠康翼展厅晚了几年，后者已经为历史悠久的伦敦科学博物馆引入了以新技术和科学前沿主题为基础的互动展品。达纳中心的活动聚焦当代科学"最热门"的主题，邀请专家与公众对话。它代表了以惠康翼展厅为基础的一种延伸和进化。惠康翼展厅的第一任负责人格雷厄姆·法梅洛（Graham Farmelo）说：

新一代科学中心是最好的类型，它能够引导人们反思当代主题并展望未来；它们激发了公众对未来的兴趣，并促使公众思考"未来可能发生什么"。另一个重要的特点是，避免直接灌输，而是创造对话的机会，使公众有机会表达"我们不喜欢这样"。这一点非常重要，且与10年前的情况截然不同。

达纳中心营造了一种非正式的氛围，并利用其网站使时间和空间得以延伸，使观众可以参加该中心相关主题的论坛、对话和深度分析。在酒馆消磨时光这种英式传统在达纳中心得以恢复。只不过，在这个案例中，讨论的主题是科学技术及其前沿。可以说，此种情况下，如果对观众进行恰当的动员，观众就可以主导整个活动。在传统的科学博物馆中，观众要做的主要是实际操作，比如按照指示启动展品，而在达纳中心的对话式情境中，观众所参加的活动主要是关系型的，是基于语言和符号交换的。

　　欧盟委员会在第六研究框架计划"科学与社会"中资助的许多项目都是类似的情况。欧盟委员会于 2001 年发起的"科学与社会"行动计划，明确了将部分研发预算用于此类项目的决策所遵循的指导方针和理论动机。这一决策在第七研究框架计划中得到了延续，但该计划更加重视科学的作用，首先计划本身的名称已改为"社会中的科学"。该计划包括一些行动研究项目，涉及科学中心和科学博物馆领域的几家机构（包括欧洲科学中心暨科技馆协会、巴黎发现宫、维莱特科学与工业城、那不勒斯科学城、德意志卫生博物馆）。这些项目都以参与式讨论这种形式开展或略有变化，通常选择博物馆作为组织活动的场所。这不仅是由于博物馆的中立性，而且还因为有机会向公众展示遗产"资源"，如实物、展品、人文知识等，这些资源可以填补调查和研究显示的有关前沿科学和当代研究主题方面知识的空白，而媒体难以提供这些信息。从这个意义上讲，此类活动的发展方向是鼓励深度分析而非只重视使用速度的博物馆传播方式；人们通常不加批判地认为，在与能够快速传播信息的新旧媒体的竞争中，这是值得追求的目标。此外，伦敦经济学院的乔治·加斯凯尔（George Gaskell）指出：

值得指出的是，2001 年"科学与社会"行动计划提出的那些富有创见的建议，如今已在欧美国家和地区得到广泛采纳并实施。公众的价值观正在发生变化，在这种背景下，也许我们应该谈论的不是传播，而是对话和参与。

总而言之，我们认为重新评估博物馆/科学中心，将其作为"论坛"、会议场所和交流思想的舞台已是大势所趋。这些活动可以结构化的方式进行，与展览有一定的关联，但也完全独立于展览之外（如多家博物馆在其馆外组织的"科学咖啡馆"或本书提及的一些其他项目）。由此，我们有机会以探索馆为例，进一步学习和研究，在 20 世纪 60 年代的政治形势和文化氛围中，该馆的建馆主旨极具感染力，现在仍然产生广泛影响；将科学"去制度化"并向公众传播，释放其社会影响力，目的是使公众在由"专家"主导的复杂领域能够行使一些"掌控权"。尽管博物馆学和博物馆传播实践正在发生变化，但导致弗兰克·奥本海默决定在旧金山建立这家著名探索馆的强大文化和政治原因，仍以原本的方式蓬勃发展，显示出对未来的强烈关注。

博物馆传播工具

在这一部分，我们试图简要回答以下基本问题："应该传播什么？如何传播？"因此，内容传播的研究首先围绕现代博物馆传播的两个基本要素（即展览和活动）展开。然后，以博物馆和科学中心为发挥社会作用而举行的活动为例，简要回顾为构建目标市场而进行的传播，最终探讨怎样在社会中或某地方开展传播。

展览是博物馆的特色，而展品是展览的特色。没有展品（考古发现、艺术品、互动展品等），展览就无从谈起。这个看似平淡无奇的概念实际上非常重要，因为它将我们的思考置于一个真实的物理空间，即博物馆举办展览的展厅中。

我们可以根据两个变量对展览进行分类。

第一个变量是内容。通常情况下，展览会展出一系列展品（如古希腊花瓶或亚马逊雨林的甲虫等）。可能通过展品展示一种现象或艺术、历史或科学过程（如法国印象派、进化论、19世纪的化学研究等）；最后，通过展品展示，阐释在某种意义上"抽象的"主题（如时间、美、永恒等）。

第二个变量是时限。不同时限的展览包括与博物馆藏品相对应的常设展览、有明确时间起止的短期展览和巡回展览。后者是一种特殊的短期展览，展览从一个展示场地转移到另一个展示场地，并且在不同场地展出时，其结构和展品可能会有所不同（例如出于展品本身的安全考虑）。

展览总是涉及展示实物的问题。如果展览的主题无法用实物来表现，则有许多传播方式可以替代实物，它们既便宜又容易制作，比如出版物、网站、视听专题等。同时，在筹备展览时，需要特别注意展品的数量和质量。

展品太多，可能会分散观众的注意力。展品太少，可能会使观众失望，带着不满离开。

如果重量级展品数量过多，则容易相互干扰。因此，向公众展示的展品之间达到一种质的平衡，是明智之举。

设计展品是为了阐释思想、提出论点和表明文化立场，因此展品必须为公众所理解。确实，一个展览背后的理念必须清晰地表达出来，有必要的话，还要向公众进行说明。而恰恰是因为，对于观众我们无法事先了解，对于观众的年龄、社会和文化背景，我们也只能猜测，为这样的群体服务并非易事，所以这既是文化义务，最终也是道德义务。为了解决此类问题，营销技巧、观众研究以及通常在市场环境中使用的各种方法，都可能有帮助。

然而，我认为最重要的，并且应该始终牢记的一点就是"展览是一种体验"，确保观众参观展览或博物馆后在心中留下印记。无论是认知、审美还是情感体验，都应该留在观众的记忆中。从这个意义上说，应该始终记住，展览是在物理空间中进行的，而观众也是有血有肉的：换句话说，包括感官、空间、天气、服务和设施在内的所有必要条件都要保证使参观体验不仅能启迪观众、令人振奋，而且单从环境层面来说也让人觉得舒适。

除了我们所说的能体现展览"特色"的代表性展品外，每个展览还伴有其他要素——可以用于辅助观众参观的、不同类型的信息和解说工具，这些要素对于达到传播目的而言非常重要。

我们将这些要素分为四大类。

第一类——观众服务，包括欢迎观众并引导他们参观整个展览，包括售票处、展览平面图、导览路线、设施标识，这些能帮助观众在博物馆活动、参观展览。

第二类——与展品有关的所有信息。最主要的是展览标题和说明牌，以一个艺术展为例，观众需要了解的基本信息包括：艺术家的姓名、其出生日期（以及死亡日期，如果有）、作品名称、创作年份、使用的技术、展品来源（展品收藏或捐赠的单位、个人）。在大多数情况下，尤其是重视展览"国际化"的场馆中，标题和说明牌通常同时使用英语和展览举办国的语言。

第三类——所有有助于观众进入展览情境，帮助观众理解所看到的内容的要素，包括目录、说明牌、多媒体、网页等。

第四类——一整套提供信息引起公众兴趣的宣传材料，其目的是宣传展览或博物馆，吸引当地（及更远地区的）居民前往参观。包括广告宣传的常用手段：海报、宣传折页、小册子、传单、横幅等。还有一些物品也属于此类，只不过它们是更为纯粹的商品，适合售卖，例如博物馆商店的小玩具、明信片、T恤和纪念品。它们既是广告来源，也是组织者筹集资金的方法。

以上几点应有助于解释为什么展览本身就是一场多媒体"活动"，因为展览使用了一系列不同的展示手段（展品、动静态图像、文字等）和工具。毋庸置疑，严格意义上的多媒体，即超文本和网络的出现，为传播内容做出了巨大贡献，并且给增加传播数量、提升传播质量两方面带来巨大帮助。然而，应该强调的是，这些多媒体工具只能使参观体验更加丰富，而不能替代参观，因为参观主要是观众在博物馆实体环境中与展品之间发生关系。根据本文的研究目的，下文将对离线、在线技术的使用进行一般性区分。

离线技术的使用为博物馆提供了重要的补充，代表着将新技术引入博物馆传播领域迈出了第一步。综上所述，这些技术为实现以下功能做出了重要贡献，尤其是在"数量"方面。

·创建大型档案数据库，如博物馆的虚拟目录，存储图像、文本、声音等，确保所有信息在指定的电脑上供观众随时使用。

·模拟某些过程，如主要用在科学博物馆中的模拟展示，以再现博物馆实体空间内无法实际展示的现象和实验。

·主要通过虚拟现实技术再现/重建一些场景，无论是否为沉浸式，都能帮助观众体验身处某个已不复存在的历史遗迹或建筑物中的空间感（这些设备可能对考古领域很重要）。

·建立新的关系/联系，即在主题层面将各种文物联系起来，使观众有可能在过去常被认为彼此相距甚远甚至对立的知识领域之间发现新的联系（如艺术和科学）。

20世纪90年代，随着互联网的兴起，情况发生了根本性的变化。网络为博物馆与外界提供了新的对话方式，通过网络，博物馆与观众之间也建立了新的关系。计算机革命所具有的独特之处，也带来了质的创新，可以参见以下实例。

·生产与消费不再泾渭分明。网络导致"消费－生产者"的出现，他们既是内容的生产者，又是内容的消费者。互联网用户可以积极参与确定展览内容、展示选择，辩论或讨论展览内容。或者，他们可以建立自己的个人"博物馆"，如网络艺术。

·新的智能形式出现了。将利维的集体智能理论和德·科克霍夫的连接智能理论综合起来，提出了一个新的维度：知识可循环、可合作。从这个意义上说，博物馆成为网络中的一个节点，因为它们向公众提供的内容代表着"元（Meta）百科全书"的"资源"，同时也是表达自我的虚拟场所。

·感官得到增强，使时间和空间得以延伸。无论是在内容方面（线上博物馆内容的远程使用）还是在更实际的管理方面都是如此，但与营销和宣传方面一样，其对博物馆的运营都起到重要的作用。

总之，我们认为在博物馆首次使用计算机的50年后，该领域最杰出的学者就以下几个方面达成了共识。首先，博物馆的"显著特征"是在物理空间即真实的建筑空间内发生的体验，其重要性和意义（在象征意义上也是如此）不断增强。

其次，原本设想用"虚拟博物馆"代替实体馆——人们对此褒贬不一——遇到了挑战：博物馆常设展览和临时展览的参观人数一直不断增长。最后，当前的趋势是建立新型的实体场馆，这些场馆可以采用"数字"技术进行内容传播，并将虚拟现实技术用于"实体馆"，使观众在"实际"的参观过程中得到辅助或陪同，使体验更丰富也更完整。

但是，博物馆或展览的存在并不仅仅取决于它们所包含的物品或有助于参观的新旧技术支持。博物馆的员工在博物馆传播过程中也起着至关重要的作用。在这里，我们不打算将篇幅放在那些负责博物馆内容的人身上，即所谓的"策展人"，而是那些与公众直接接触的员工，包括接待员、售票处的服务人员等，尤其是向公众介绍展品的讲解员。

随着时间的推移，博物馆讲解员的作用发生了巨大变化。过去，讲解员的任务是将博物馆和展出的内容简要地向观众传递，而现在的趋势（尤其是在科学博物馆中）是要求讲解员更加"主动"，其主要任务是激发观众的好奇心，鼓励观众自己寻找答案，而不是提出问题。

从这个意义上讲，对讲解员的称谓通常还有导览者、表演者、辅助者等，这也就不足为奇了。

应该强调的是，讲解员在博物馆中的核心作用和重要性已得到普遍认可，而研究和调查表明，如果仅按传统方式进行传播，对观众的记忆和学习效果所产生的影响就相对较小。

此外，需要对戏剧手段的运用做一个简要介绍，它作为传递博物馆内容信息的一种手段，越来越受欢迎。在各种类型的博物馆，如艺术馆、考古类、技术类、科学类博物馆等，戏剧的运用都具有诸多优势。首先，戏剧可以动态形式（从时间和空间上）阐释展览内容。其次，由于具备灵活性，它提供了与观众对话的机会，可以是与展览主题相关的问题或者具体细节（例如，有关作品、作者或艺术家的补充信息等），也可以就有争议的问题展开对话。最后，戏剧创造了一种情感环境，这对儿童和成人的认知过程都具有极其重要的意义。

"活动"的概念十分广泛，足以涵盖观众与博物馆发生关联的各种情况。例如，博物馆不再作为一个代表"神圣性"的场所和机构，不同规模的博物馆都已敞开了大门，举办各种活动来活跃气氛：在博物馆举办戏剧演出、社团活动、时装表演、招待会和儿童派对已是司空见惯。一方面，这有助于满足博物馆自筹资金的需要，面对公共文化支出的削减，这样做越来越有必要。另一方面，这也有助于提高博物馆在公众中的知名度，通过这些活动，可以吸引原本不感兴趣的公众参与博物馆的常规项目（如展览）。

最后，值得一提的是，每项活动的背后都有专业人员的辛勤付出，基于篇幅所限，在此不展开讨论；毋庸置疑的是，博物馆行业相关职业的数量在持续增加，种类也越来越多样化，部分原因是博物馆出于自身的财务需求而招聘市场营销人员和资金募集人员，新的通信与信息技术的兴起，以及博物馆活动与日俱增的"社会"属性。那些曾经与博物馆行业相关的专有名词（如藏品管理员、维护员等）已逐渐消失，取而代之的是新的职位与技能。

（翻译：莫小丹）

第二部分
科学中心

科学中心的演变与全球扩张

文森佐·利帕迪 (Vincenzo Lipardi)[*]

前言

如果给当今世界上的科学中心拍张照片，我们将看到一个多种形式的复杂现实，即在世界范围内，科学中心不断扩张，形成了区域性的国际组织，把成千上万的小型、中型和大型科学中心联系起来。这是一个由数以万计的男男女女组成的团体，他们热爱自己的工作，擅长科学传播，擅长管理每年有数亿观众参观的"博物馆"。它是一个庞大的文化网络，一个良好的科学信息网络，同时也是文化旅游市场的重要经济组成。

科学中心在非正式教育领域也发挥了非凡的作用：多亏了互联网，在科学中心科教实验室开展的活动构成了学校科学教育的重要组成部分。科学中心已成为集学校、研究中心、大学和科学家于一体的战略枢纽。最后，科学中心作为一种策略手段，正越来越广泛地用来加强科学、社会和公众舆论之间

---

[*] 文森佐·利帕迪，那不勒斯科学城伊迪斯基金会执行总裁，邮箱：lipardi @ cittadellascienza. it。

的密切联系和对话，不断促进形成真正的科学公民意识，这是了解现代世界不可或缺的。科学，特别是现代科学技术，已经变得非常重要，因此不能让市场来决定。公民在传递自身需求、利益和思想方面所发挥的作用是至关重要的。

那不勒斯科学城创始人、物理学家维托里奥·西尔维斯特里尼在介绍该中心的使命时，使用了以下表述。在《无限资源》一书中，西尔维斯特里尼将"文化"定义为知识遗产，由特定的人类社会所拥有的共同价值观构成。

> 一旦满足了基本需要（饥饿、口渴、健康等），文化（连同物质和社会环境的质量）也就成为生活质量的主要指标参数：从这个意义上说，文化本身就是一种与生活质量相关的基本产品。

然而，20 世纪以来，人类经历了一场真正的经济、文化和道德革命，由此进入"知识社会"时代。西尔维斯特里尼申明：

> 这首先是一场文化革命，它起源于伽利略引领的现代科学革命，促成 19 世纪和 20 世纪伟大科学理论的产生：热力学、电磁学、相对论、量子力学、进化论和遗传生物学。因此，一场以科学为主的文化革命发生了，影响着各个文化领域。20 世纪最初的几十年里，在研究哲学（形而上学、美学、认识论等）或任何其他文化形式时，已经不能忽略科学成就对它们的影响。

在这种文化环境中，科学中心开始运转，使孕育它们的环境焕然一新，使过去几十年来缓慢增长的对科学公民的需求得以巩固，以水滴石穿的方式在社会上声名鹊起。

科学中心到底是什么，它们是如何形成的，它们在"知识社会"中的作用是什么，最后，它们是否有一个共同的目标要实现？

从《多伦多宣言》到开普敦的第六届世界科学中心大会

2008 年，第五届世界科学中心大会发表了《多伦多宣言》，试图回答上文中的最后一个问题。在世界范围内举办一系列会议之后，第一届世界科学中心大会于 1996 年在芬兰举行，这要归功于芬兰尤里卡科学中心的馆长、科学中心"运动"中最有影响力的人物之一佩尔·埃德文·佩尔松，为此他付出了大量心血和才智；随后大会每三年举行一次，举办地分别是：印度（1999 年）、澳大利亚（2002 年）、巴西（2005 年）和加拿大（2008 年）。

2008 年，由安大略科学中心杰出的首席执行官莱斯利·刘易斯牵头，欧洲科学中心暨科技馆协会、北美科技中心协会、南部非洲地区科技中心协会、亚太科技中心协会、印度国家科技馆协会及拉丁美洲和加勒比科技中心协会签署了《多伦多宣言》，其宗旨是在科学博物馆之间建立一个共同框架和平台，以便在全球化的世界中发挥作用。正如《多伦多宣言》强调的那样：

　　每年有 2.9 亿人积极参加世界各地 2400 个科学中心举办的展览、教育项目、大型活动和外延项目。科学中心激发了人们的好奇心，培养人们的探究精神，改变着人们的生活，也影响人们的态度和思维。研究表明，科学中心可以消除科学的神秘感，传递科学的美，展示科学的必要性，使科学更加通俗易懂。科学中心培养人们对科学的积极态度，帮助人们了解科学进步情况，以及科学如何影响我们的生活。

《多伦多宣言》还指出：

到了 2008 年，科学素养已经和其他形式的基本素养如读写能力和运算能力一样重要。它也是促进社会包容的有力工具。科学中心与所有阶层的人都有关系，已成为科学和社会产生关联的重要场所。它们跨越地理、经济、政治、宗教和文化界限，影响着当世人和后代人的福祉、教育、成就和技能。它们是进行艰难对话的安全场所。当今世界，科学中心是关于科学和技术的活动、对话和讨论的场所，引人注目并且值得信赖；科学中心培养有效解决问题的能力、创造力、创新能力、批判性思维和决策能力，从而加强公众对科学和技术的终身学习。它们是正式教育系统的重要资源，有助于充实各自所处社会的知识库；它们影响学生的积极性、学习过程和职业选择；它们增强教师的能力，向他们介绍更有效的科学、数学和技术教学方法。利用网络和数字技术，它们为越来越多的线上观众提供了参与科学活动或互相交流的重要平台。它们影响着与科学传播、科学教育和公众参与科学有关的研究和博物馆学。科学中心是值得信赖的包容和公平的场所，公众可以在这里积极参与影响社会的关键问题。

《多伦多宣言》的提出是基于博物馆展示"技术"与"文物"的功能正在向所有文化类机构都具备的"社会"和"政治"功能转变，这一动向已势不可当，尤其是在面对当今社会和全球化带来的挑战时，更需要强调这一点。

它们结成战略伙伴关系，帮助解决地方、国家和全球的重要挑战。在第五届世界科学中心大会上，代表们分享了专业知识并制定了共同的行动议程。如果我们要在一个资源不断减少、面临重大环境挑战的星球上很好地生存下去，就要开启一个在尊重当地文化的前提下开展全球合作的新时代。科学中心可以成为一股强大的公益力量。参观科学中心的孩子们成长在一个瞬息万变的世界里，他们可以成为关键的"变革推动者"，从而为所有人创造更美好的未来。参加科学中心项目的青少年和大学生是未来的领导者和决策者。参观科学中心并参与其中的成年人重新接触科学，从而更好地理解科学发现的来龙去脉，并推动关于气候变化、人类健康、可再生能源的需求、水资源短缺和艾滋病毒/艾滋病等议题的对话。

最后，《多伦多宣言》庄严承诺：

我们承诺共同努力，克服文化、物质、社会、经济和地理上的障碍，用科学来吸引人们并使之相互理解。我们将积极探索科学和社会问题，倾听公众呼声，确保进行对话。我们将共同努力，找到科学中心为实现联合国千年目标做出贡献的方法。我们将寻求资金和机制，通过全球参与解决包括环境意识、科学教育和创新在内的地方、国家和全球相关问题，为所有人创造一个更美好的未来。2011
年，在南非开普敦第六届世界科学中心大会上，我们将评
估作为独立机构和集体我们在多大程度上推进了此时此
地确立的目标。

我们是如何达成《多伦多宣言》的？个人认为，我们可
以从科学中心的创建过程中找到这个问题的答案，因为我们
知道，与其他任何社会机构一样，博物馆也在不断发展，而且
很有可能在二三十年后，需要重新审视我们现在对博物馆所
做出的诠释和理解，并将其与相对今天发生了重大变化的文
化作用因素进行比较。

2011年，出席开普敦第六届世界科学中心大会的416名
代表回顾了《多伦多宣言》，将前几届世界科学中心大会的对
话进行下去，并制定了新的宣言，以确保在解决科学与社会之
间的全球问题方面继续发挥建设性作用。《开普敦宣言》评估
了过去三年所取得的进展，鼓励各国领导人在缺乏科学中心
和博物馆的地区建立科学中心和博物馆，支持对科学、技术和
创新的政策投资，共同努力应对全球经济和金融挑战，确保他
们分享最有效的共同经验和知识。

什么是科学中心？

本书中，路易吉·阿莫迪奥用一段话来解释从传统博物
馆到科学中心的发展过程。除此之外，我想补充一下希尔德·
海因对这一脱离传统文化的新一代博物馆的看法。

博物馆里通常陈列着静态的展品，供人敬而远之地

欣赏。即使是面对科学博物馆的主要内容——自然历史类藏品，观众也往往只需要被动地、虔诚地欣赏这些由某位策展人费尽心思组装的奇异标本。这样的展览可以让观众对宇宙丰富的多样性产生惊奇感，也能鼓舞少数能够揭开宇宙复杂面纱的学者。科学博物馆往往更多的是颂扬科学家，而不是让公众了解科学实践。观众来馆参观主要是欣赏别人的成就，但却并未受到激励，认为自己也能从事类似工作并做出类似成就。

几年前，皮埃特罗·格雷科写道：

> 科学中心是科学界一部分人对"积极的科学危机"做出的回答。在广岛原子弹事件发生后，并在认识到基于私有自然观的发展的局限性之后，对科学的认识——科学现在获得了前所未有的社会声望和实际资助——已经（或似乎已经）与进步的观念分离。

科学中心不断壮大，在很大程度上要归功于弗兰克·奥本海默，这位美国物理学家于20世纪60年代在旧金山建立了探索馆，同年，位于多伦多的安大略科学中心也建成开放，开启了科学博物馆的新时代。事实上，针对是否有必要为传播科学方法和展示"实验室"工作而打造新型博物馆，曾一度争论不休。奥本海默为这种必要性提供了坚实的理论基础和工作方法，并很快得到了国际上的认可。

奥本海默的"博物馆"是以他的科学理论为基础的。他说：

> 探索馆的全部意义在于让人们相信他们能够理解周

围的世界。我认为很多人已经放弃去理解周围事物，当他们对物质世界置之不理，同时也就远离了社会和政治世界。如果我们放弃尝试理解事物，我们都会陷入麻烦。

奥本海默提议，创建一个科学学习的场所，不仅能够让观众对科学成就惊叹不已、肃然起敬，还能邀请观众通过游戏、实验和经验的再现，自己"做科学"。科学中心试图重申，科学不仅"有用"，而且代表了一种理解世界所需的文化。此外，科学是为每个人服务的，其本质和现象，从无限小到无限大，都是可以被探究和理解的。

教育观众不是目的（有其他机构可以做到这一点）。科学中心的目的是让观众产生好奇心，无论观众的社会条件和文化背景如何，都可以接触到科学，这是培养"科学素养"不可或缺的第一步。

物理学家詹姆斯·特雷菲尔和地球物理学家罗伯特·哈森在一本名为《科学很重要》的书中写道：

> 科学素养是我们理解公共问题所需的知识。它是兼有事实、词汇、一般性原则、历史和哲学的混合体。这种知识不是专家具备的专业知识。它是政治演讲中使用的更大众化和不太精确的知识。如果有人能看懂报纸上一篇关于基因工程或臭氧层空洞的文章——如果他们能像对待其他任何信息一样对待科学——那么他们就具有科学素养。对一些学者来说，这种对科学素养的定义似乎相当有局限性，甚至完全不充分。但我们相信，那些希望每个人都拥有渊博的科学知识的人，是混淆了科学知识的

两个重要而又截然不同的方面。关键是，创造科学与使用科学是完全不同的。科学素养只涉及后者。

最早使用这种方法的两家机构都是在 1969 年成立的，先后相差几个月，所以说科学中心对我们来说还算是新生事物。

1969 年 8 月 20 日，建在旧金山艺术宫的探索馆向公众开放：

> 公园游客和好奇者……很大程度上是偶然发现这个博物馆的，然后进去一探究竟。里面几乎没有展品，只有一小群人在辛勤工作，还有一个牌子上写着：这里正在创建探索馆，一个致力于提高认知的社区博物馆。

与此同时，加拿大多伦多面临 20 世纪 50 年代末和 60 年代的大规模扩张，1961 年开始规划建设新的科学中心。1964 年，多伦多著名的加籍日裔设计师森山·雷蒙德负责设计该馆。1966 年开始动工，计划将其作为 1967 年加拿大百年庆典活动的一部分。它被正式命名为"百年科技中心"。然而，到了 1967 年，安大略科学中心未能完工，直到两年后的 1969 年 9 月才向公众开放。安大略科学中心以其动手体验式理念而闻名于世，后来底特律科技博物馆也模仿了这一做法。与传统博物馆展品"眼看手勿动"不同的是，安大略科学中心的大多数展品都是互动式的，还有许多展品是现场演示的（如演示金属加工过程）。展项"通讯室"特别受欢迎，里面有许多计算机化的展示，还包括一个非常受欢迎、用 PDP-11 电脑运行的井字棋游戏。

据皮埃特罗·格雷科回忆，物理学家让·佩兰 1937 年在巴黎成立发现宫时也选择了同样的形式：

> 佩兰的博物馆试图让公众参与进来，正如培根的思想和17世纪的其他场馆，展现出突破"常规"的理念。他的目标不是展现一个实用主义的或者某种高高在上的科学形象，而是提出科学的文化价值以及科学方法的创造性。佩兰的思想超越了他所在的时代，而物理学家弗兰克·奥本海默1969年在旧金山建立的探索馆则是发现宫的进化版。

菲利普·莫里森在为希尔德·海因的《探索馆：作为实验室的博物馆》一书作的序中，提到探索馆：

> 这种友好的奇迹背后的愿望是人类的团结。这种统一性存在于所有的差异之下，存在于他们分享理性和喜悦的共同能力中。这种平等主义的希望在科学界并不新鲜。也许它在所有转型过渡时期都会出现，就像在不知疲倦的旅行家亚历山大·冯·洪堡的时代，他带着他的温度计远赴秘鲁，研究自然的统一性并发现了秘鲁寒流。他是一个为国王服务的民主人士，一个跨越时代的人；他浪漫地远行，始终带着他的仪器，带着启蒙运动的批判精神。奥本海默的愿景是，人类的知识将不再是造福少数人的权力工具，而是赋予所有人权力和快乐的源泉。

希尔德·海因说：

> 奥本海默试图建立一个博物馆，在那里人们可以直

接体验和操作展品，而不是被动地接受知识。公众可以像科学家在自然界或实验室里做实验那样与展品互动。该博物馆要告诉人们，科学的主题就在我们身边，而且所有人都能理解。该博物馆要把科学从专家的专属领域中解放出来，使它不再显得神秘，重新回归到大众中间。

自那时起，科学中心如雨后春笋般在世界各地涌现，许多传统博物馆也借鉴了这些理念，在馆藏中引入基于互动性和与观众交流的新型活动。现在，我们将借助科学中心的区域组织，在全球范围内进行一次快速旅行，以对科学中心和科学博物馆的发展和影响逐本溯源。

全球科学中心组织

《多伦多宣言》和《开普敦宣言》由代表着各大洲重要地区的七个协会共同签署。与此同时，其他区域组织也建立起来。诚然，这一事件的产生和发展要归功于许多人的辛勤工作，但北美科技中心协会在其中发挥了非凡的作用。该协会扎根于北美，与美国的政治和文化机构关系紧密，始终具有全球视野。该协会发起了一场"科学中心运动"，在全世界范围内迅速发展壮大。因此，尽管北美科技中心协会现如今自称全球性国际组织，但本书仍将其视为区域性国际组织，和接下来介绍的其他强大的区域组织一样。显然，这并没有限制它与其他组织的合作。以下是各个区域组织在其网站和官方文件中的说明。

北美科技中心协会成立于 1973 年，是北美的一个行业协会，拥有来自 40 个国家的近 600 家会员单位。会员单位不仅包括科学中心和博物馆，还包括自然中心、水族馆、天文馆、动物园、植物园、自然历史和儿童博物馆，以及对非正式科学教育有兴趣的相关企业、咨询公司和其他组织。北美科技中心协会及其会员是 20 世纪"科学中心运动"的发起人。正如其官网所宣称的那样，它是：

> 一个由科学中心和科学博物馆组成的组织，致力于促进日益多样化的群体参与科学。北美科技中心协会通过服务和联系世界各地的会员并推进实现共同目标，鼓励在非正式科学教育领域精益求精、不断创新。通过战略联盟和全球伙伴关系，北美科技中心协会还支持科学中心和科学博物馆积极主动地解决当地和全球的重大社会问题，在这些问题上，理解科学和参与科学至关重要。

亚太科技中心协会（ASPAC）成立于 1997 年，旨在促进亚太地区各科学中心、科学博物馆及其他机构之间的交流与合作。这些科学中心和科学博物馆通过互动展示的方式，鼓励在非正式学习和公众对科学技术的理解方面精益求精、不断创新。ASPAC 拥有来自亚洲 20 个国家和地区的 59 家会员单位，涵盖多种形式的组织机构：科学中心、科学博物馆、儿童博物馆以及展览设计和制作公司。

拉丁美洲和加勒比科技中心协会（Red-POP）是在联合国教科文组织"科学、技术和社会项目"的启发下，于 1990 年在里约热内卢成立的。目前，Red-POP 拥有来自拉丁美洲和加勒比地区逾 15 个国家的 80 多家会员单位，并与世界上许多国家的科普机构建立了联系。该地区共有 102 个科学中心，按规模分为 13 个大型科学中心、20 个中型科学中心和

69 个小型或超小型科学中心。102 个科学中心中有 73 个位于南美洲，尽管其中 58 个（80%）是小型或超小型科学中心。中美洲、墨西哥和加勒比地区有 29 个科学中心，其中大部分（18 个）是大中型科学中心。协会章程明确宣布其使命是"更好地理解科学技术在发展中的作用是至关重要的，这是一个全面的、内生的和以人为本的过程"。拉丁美洲面临着一些问题，科技原理、信息和能力难以与日常经济、社会和文化活动相融合，因此有必要促进科普项目和活动的研究、讨论与交流。至于科技知识，在发展中国家的传播势在必行。另外，由于各国普遍存在预算受限的情况，不同的科普项目往往覆盖范围有限。迄今为止，还没有一个区域性的机制来推动国家投入。拉丁美洲和加勒比科技中心协会试图通过不同的合作机制来调动国家和地区的潜力，以加强本地区的科普工作。

印度国家科技馆协会（NCSM）是印度文化部下属的一个自治协会，成立于 1978 年。如今，它管理着分布在印度各地的 27 个科学中心/科学博物馆和天文馆。它为其他组织在印度国内外建立新的科学中心提供催化支持。作为研发活动的一部分，协会不断升级展示内容、展示技术，支持并促进了该国许多地区科学中心的发展壮大。

南部非洲地区科技中心协会（SAASTEC）的长期任务是建立一个以技术为基础的南部非洲协会，确保在全球经济发展中具有竞争优势。目前大多数活跃的科学中心都位于南非，它们都是南部非洲地区科技中心协会的会员。如今，博茨瓦纳在博泰克有一个科学中心，纳米比亚正在积极推动建设科学中心的计划。会员单位可以获取该协会的资源，并与其他会员建立联系，分享交流想法、观点、知识、经验，另外还可以参与培训。南部非洲地区科技中心协会得到南非科技部认可，成为南非国内互动型科学中心的代表。南部非洲地区科技中心协会在 2011 年举办了世界科学中心大会，展现了非洲对发展科学中心的兴趣，将科学中心建设成为非正式科学教育领域中追求卓越和开拓创新的机构。

我们还应该铭记中国自然科学博物馆学会，这个隶属于中国科学技术协会的组织由北京自然博物馆于 1979 年创建①，在当今博物馆领域发挥着越来越重要的作用。

我们短暂的环球旅行现在抵达地中海盆地。北非和中东科技中心协会（NAMES）成立于 2006 年 1 月在亚历山大天文馆科学中心举办的一次会议上。北非和中东科技中心协会的宗旨和目标主要通过在非正式科学教育中精进不休和承荣思新，以及为观众提供参与式学习的实践活动来实现。北非和中东科技中心协会的目标是：面对日益多样化的受众，通过促进其对科学和科学文化的理解和参与，在整个地区开展科学普及工作。创建北非和中东科技中心协会的目的是促进北非和中东现有科学中心和科学博物馆之间的合作，以期从该地区所有可用资源和经验中获益，进一步加强所有会员机构的作用。该组织还意欲帮助该区域所有国家建立新的科学中心和科学博物馆。阿拉伯科学中心和以色列科学中心之间存在着矛盾，它们之间的关系非常糟糕，所有区域组织，特别是欧洲科学中心暨科技馆协会，对此深表关注。

最后但同样重要的区域组织——欧洲科学中心暨科技馆协会（ECSITE），于 1989 年成立。我有幸于 2007 年至 2009 年担任该协会的主席。ECSITE 著名的主席之一、欧洲科学中心

---

① 译者注：根据学会官网信息，学会成立于 1980 年。

运动的领导人艾斯格·霍格写道：

> 创建一个欧洲科学中心协会的想法是由法国巴黎维莱特科学与工业城发展和国际关系主任乔尔·德·罗斯内提出的。

1988 年 10 月 17 日，ASTC 会议在波士顿举行，其间罗斯内邀请与会的欧洲代表们会面，有 10 人到场，代表们一致同意成立欧洲科学中心暨科技馆协会。1989 年 1 月 9 日在法国巴黎维莱特科学与工业城召开成立大会。在那次会议上，与会者提名英国布里斯托尔科学中心的理查德·格雷戈里担任 ECSITE 的第一任主席，梅兰妮·奎因担任秘书长。欧洲科学中心暨科技馆协会由此诞生。

欧洲科学中心暨科技馆协会通过项目和活动将 50 个国家 400 多家机构的科学传播专业人员联系在一起，就时下热点问题交流想法和最佳实践经验。会员单位包括科学中心和科学博物馆、科学节组织机构、自然历史博物馆、动物园、水族馆、大学、研究机构和公司，通过通俗易懂、互动的展览和项目，向公众传播科学，并激励公众参与科学活动。科学中心和科学博物馆作为独立的信息来源，受到公众的信任，因为它们使公众有机会听取关于科学问题的不同观点。欧洲科学中心暨科技馆协会会员单位吸引超过 3000 万名观众到馆参观，通过其网站吸引了数百万观众。科学中心和科学博物馆为学生提供课外教育活动，并为教师提供培训机会和专业发展项目。科学中心和科学博物馆为科学家和公众提供了一个场所，让他们能够聚集在这里，讨论有争议的当代科技问题，这是欧洲经济和社会发展的一个关键因素。

在地中海地区建立沟通的桥梁

欧洲-地中海地区的发展比世界上其他地区都要快。整个阿拉伯世界进入一个向往赋权、自由的新时代。"科学中心运动"在建立新的欧洲-地中海愿景方面发挥着重要作用。这意味着不仅要在有限的局部地区付诸实践，而且要在全球范围内采取行动，因为科学和技术是跨国家交流和交叉融合的结果，而国家边界的旧观念已经过时了。当不同文化和国家的科学界齐心协力时，就有可能获得共同的解决方案。科学是一种能够团结人民的通用语言，也是通过该地区人民的安定与和平来满足经济和文化增长需要的方法。

因此，北非和中东科技中心协会、欧洲科学中心暨科技馆协会及其一些会员单位（那不勒斯科学城、亚历山大天文馆科学中心、科威特科学中心、特伦托科学博物馆、格拉纳达科学公园、伦敦自然历史博物馆、法国环球科学城及其合作伙伴）启动了一个项目，为欧洲-地中海和中东地区创办一期科学传播暑期培训班。2012 年 6 月，在图卢兹举行的欧洲科学中心暨科技馆协会会议上，罗伯特·菲尔霍夫代表欧洲科学中心暨科技馆协会，米吉勒·阿尔穆塔瓦代表北非和中东科技中心协会签署合作备忘录。暑期培训班的目标群体是现有科学中心和科学博物馆的中层人员，以及来自其他组织（大学、地方组织、协会）和有志在科学传播领域开展活动、建设科学中心的新成员单位的人员。该项目的主要目标是增强科学中心的发展能力，同时加强这些机构之间的对话和交流，以便在该区域建立一个日益壮大的行动者群体，并最大限度地发挥其作为社会变革推动者的潜在影响。

新前沿

在 2007 年欧洲科学中心暨科技馆协会年会开幕式上，葡萄牙科技和高等教育部部长何塞·马里亚诺·加戈教授提出了一个难题：关于重新审视和振兴"欧盟里斯本议程"的政治辩论，欧洲科学中心暨科技馆协会是否准备好采取行动，以及是否意识到"科学中心运动"的力量和重要性？欧洲科学中心暨科技馆协会在本次会议期间确立了三个新的发展方向。

第一，促进其会员单位之间的合作，制定准则，分享专业知识，传播最佳做法，鼓励合作和制定培训项目。

第二，以促成欧洲科学公民权为目的，充分利用该协会在欧洲的影响力。这不仅意味着欧洲首先是一个团结公民的地理和政治场所，使他们在超越国家的层面工作和思考，同时最重要的是，它是一个有着共同文化认同的地域（尤其是在新生代中），关注现代社会的一些矛盾，包括数字多样性、科学技术在公民日常生活中的作用等。此外，会议还确定会议结束后两年内的目标之一，是加强与欧洲各机构的关系，同时确保其成员掌握必要的技能，以在欧洲实施项目，在欧洲议会内与欧洲各机构共同举办活动，召集来自欧洲国家的专家、政治代表以及各机构的官员和决策者，重点讨论科学和社会问题。

第三，在国际舞台上加强联系和伙伴关系。欧洲科学中心暨科技馆协会代表欧洲科学中心和科学博物馆，还应与世界其他地区各组织保持积极联系，在气候变化、节能减排和可再生能源等全球问题上采取重要的国际行动。

问题得到了积极响应。从政治角度来看，最重要的举措无疑是 2009 年 2 月 18 日在欧洲议会内组织的会议，来自科学中心与科学传播领域及其他领域主要机构的代表们汇聚一堂，明确了各自在里斯本议程中的作用。

政策制定者、科学传播专家、利益相关方和从业人员在欧洲议会内举行会议，讨论"实现上述目标的过程中，我们得到了哪些经验教训""欧洲科学传播领域的未来前景如何"等问题。

活动由欧洲科学中心暨科技馆协会执行董事凯瑟琳·弗兰奇和本人宣布开幕，200多人参加。会议在科学和政治领域都取得了巨大成功，邀请的演讲嘉宾都是知名人士，包括欧洲科学和研究专员塞内兹·波托尼克、欧洲环境保护署主席菲利普·布斯奎因、地区委员会主席卢克·范·登·布兰德、欧洲地区研究委员会总干事何塞·曼努埃尔·西尔瓦·罗德里格斯以及葡萄牙科技和高等教育部部长何塞·马里亚诺·加戈。

2009年12月15日，欧洲科学中心暨科技馆协会与世界海洋组织、北美科技中心协会、世界自然基金会艺术中心在哥本哈根联合举办了COP15会议的官方次要活动。这次活动是在欧盟合作项目ACCENT的框架内进行的，旨在通过吸引公民参与解决气候变化问题来敦促欧洲各科学中心采取行动。在可能导致峰会重大失败的政策变革前，这次活动听取了活跃在科学传播领域的管理者和非政府组织的声音，因而具有重要意义。

欧洲科学中心暨科技馆协会还负责协调第六版和第七版研究框架方案下的大型欧洲合作行动。在科学教育领域，PENCIL[①] 项目利用国王学院和那不勒斯大学的研究工作，分

----

① PENCIL：欧洲非正式学习常设资源中心。

析了 14 个科学中心的试点项目，以确定创新和质量标准，将其从非正式学习转移到正式学习实践中。PENCIL 项目评估了科学中心和科学博物馆在为在校学生提供教育活动方面的作用，这些活动是学校课程内容的补充，并为教师提供了培训和专业发展方案。

欧洲科学中心暨科技馆协会还实施了 GAPP① 和后来的 TWIST② 项目，目的是通过全欧洲的科学中心和科学博物馆提高对妇女在科学技术领域的作用和代表性的认识。这些项目的目标群体是年轻人以及他们的教师和家长，也包括普通公众，重点关注男女社会角色的陈旧观念、职业道路上的现有障碍。

欧洲科学中心暨科技馆协会于 2011 年开始实施 PLACES③ 项目，这是一个为期四年的欧洲项目，旨在构建和发展欧洲科学文化之城的理念，并带动其他欧洲网络的发展：欧洲科学活动协会（EUSCEA）、欧洲区域研究和创新合作组织（ERRIN）和巴塞罗那庞培法布拉大学。PLACES 项目包含 67 个科学中心、博物馆、各类节日和活动组织方，与当地政府开展合作，还有 10 个欧洲区域组织，产生丰富的新知识，促进整个科学传播领域的发展，并通过科学文化的社会、文化和科学附加值影响公民和决策者。

展望未来

自第一批科学中心创建以来，仅仅过去了 50 年，科学中

---

① GAPP：性别意识参与过程——科学职业选择的差异。
② TWIST：妇女参与科学和技术。
③ PLACES：参与科学的地方当局和传播者平台。

心领域及其理念都有所成长、发展和转变。考虑到国际经济危机如此迅速地削弱了人们对无限增长和全世界范围内福祉的集体信念，显然未来很难预测，因此，每个人都重新审视了自己的角色和目的。然而，正如前文所述，知识资源是无限的，人类的未来与知识紧密相连。

今天，国际投机者攻击欧元和欧洲，石油灾难直接影响动植物的生存，这提醒我们，一方面，我们的地球已经厌倦了承受人类高压手段的后果；另一方面，利润决不能成为人类追逐的唯一目标。同样，冰岛火山喷发导致全球航空运输系统突然陷入危机，这一事件也质疑了人类的有限性，总而言之，人类在大自然面前是脆弱的。

因此，未来是复杂的，正如我们今天所说的，一种新的可持续发展模式，不再是地球更加人性化的要求，而是我们的世界领导人在不确定的时代必须回应的迫切需要。知识社会已经重新定义了时间和空间，对于商品和金融市场而言确有其事，开始（或者说，它一直存在，但公众舆论现在才开始意识到这一点）作用于人类和政治决策。

可以肯定的是，我们必须建立一个更加团结和相互依存的世界，一个提供更多支持、更多科学知识的世界，一个联系更加密切的世界。从本质上讲，科学中心要做的事情很多，要思考的问题也很多。

科学中心世界峰会的国际程序委员会（IPC）提出的这项建议表明，这一观点已广泛流传。国际程序委员会提出的一项改进措施是将会议转变为世界峰会，其目的是在更高的战略层面推动科学中心领域的发展，制定一项长期行动计划，起草一份以行动为导向的宣言，邀请外部机构（联合国等）参与规划和方案制定。从根本上讲，它旨在强化科学中心运动的性质，尽管许多参与机构观点不同，但我们都对科学和知识怀有热情，尊重观众（特别是年轻人），乐于奉献，并且都有建设一个全面、可持续和公平的未来的愿望。

（翻译：刘怡）

第三部分
科学传播实用指南

联手兴建尼日利亚奥韦里科学中心

安娜-玛丽·布吕亚[*]

2008 年至 2009 年，那不勒斯科学城与罗马教皇文化理事会、阿苏普塔科学中心（位于尼日利亚奥韦里市）协会以及一群来自罗马萨皮恩扎大学和尼日利亚大学的年轻学生开展合作，于 2009 年 4 月 26 日至 5 月 4 日在奥韦里举行了第一届科学节。

作为奥韦里地区贯彻落实这一目标的首个实际举措，科学节的长远目标是向所有尼日利亚人，特别是尼日利亚青年推广和传播科学文化，同时也为建立一个永久的科学中心打下基础。科学节促使当地组织和国际机构着眼于提升青少年对科学的兴趣，充分认识科学是影响非洲大陆未来发展的关键因素。科学技术让人们能够把命运牢牢掌握在自己手中，是实施赋能战略的必不可少的工具。从这个意义上说，此次组织的科学节是对非洲科学传播重要性和价值的一次检验，有助于促进提升非洲公众的意识和独立性。该项目旨在实现以下目标：

· 在当地传播以实验为基础的科学文化；

---

* 安娜-玛丽·布吕亚，那不勒斯科学城国际关系部，邮箱：bruyas@cittadellascienza.it。

·吸引青年投身科学事业，激发他们的好奇心，提高他们的技能；

·提高科学教育的质量，在大中小学推广非正式教育的学习方法和类似实验科学的实践；

·提高当地人员（学生、科学家、地方官员等）作为未来科学传播者和教育者的能力。

为持续开展活动，我们采用背景分析及当地调研、当地人员培训、举办科学节等渐进的方法，推动当地人员积极参与。

奥韦里当地调研

第一阶段包括两项相互关联的工作，一是从不同方面（人口、经济、教育和培训、科学发展）对当地情况进行分析，二是于 2008 年 7 月 23 日至 29 日在奥韦里当地组织开展首次任务。对于项目发起方罗马教皇文化理事会、那不勒斯科学城和奥韦里阿苏普塔科学中心协会而言，关键在于从各种利益相关者（科学团体、学校代表、教科文机构和国际组织等）中找出当地的潜在合作者，并将其吸纳至此项目的实施中来。

实地调研奥韦里非常重要，实地考察地方和全国层面科学、文化和宗教领域的配合度，是项目成功举办的保障。访问期间，代表团与各大学的代表进行了几次会面，包括联邦科技大学、伊莫州立大学、奥韦里联邦理工学院、农业学院、教育学院、阿比亚州立大学、纳姆迪阿兹基韦大学、护理助产学院；此外还有伊莫州政府，特别是教育理事会和公共职能理事会、意大利驻阿布贾大使馆、国际组织（联合国教科文组织和欧洲联盟）的代表，以及奥韦里大主教管区。

尽管所处国家的局势以及靠近尼日尔三角洲地区使得奥韦里处境艰难，但奥韦里仍然非常适合开展科学节活动，同时考虑到与当地公共机构，特别是尼日利亚政府和多所大学协同合作的可能性，这些机构都宣称愿意支持这一倡议。

天主教会在伊莫州非常受欢迎，在广大民众中具有公信力和认同感，并与学术界保持着良好的关系。通过考察并与尼日利亚教会倡导者会面，可以感受到当地领导层具有很高的文化水平和人文素质。

实地考察阿布贾之后，我们对继续推进这项活动更加有信心，特别是联合国教科文组织当时计划在尼日利亚的六个地缘政治地区建立区域性的科学中心体系。欧盟驻尼日利亚代表团也对这一倡议感兴趣，原因是他们在非洲开展的所有发展项目，其顺利推动都是建立在提高当地居民认知水平基础上的。意大利大使馆表示会在接下来的几个月里继续跟进这一倡议，协助代表团与尼日利亚外交部沟通，讨论如何将这个倡议纳入非洲的国际合作中。上述成果都使我们确信，建立科学中心的计划是撒哈拉以南非洲地区的一项独特的创新举措。

尼日利亚大学生培训计划

项目的第二阶段是组织培训班，计划于 2008 年 9 月 3 日至 17 日举办。培训班共有九名尼日利亚大学生参加，他们将在接下来的几个月里负责奥韦里科学节的具体实施工作。根据培训计划，培训课程的受益者还包括：研究生、科学研究人员或教授、科学教师和公职人员。

培训课程包括四个主题：科学活动策划、传播与宣传、与公众交流的技巧、教学方法。最后一个主题在课程中发挥了重要作用，针对科学节的需求共分为五个主题展区：核心展区是互动型展览，展示经典物理学主要原理；其他四个主题展区分别是环境实验室、能源实验室、健康和食品实验室、音乐实验室。上述内容由培训方与尼日利亚当地的科学委员会事先商讨，并达成一致意见。

表3中列出了全部培训活动和课程。其中包括访问意大利卡利特里科学中心协会与马福西学校研究所合作的实验室。另外，还举办了为期一天的欧洲意识情景研讨会，参加研讨会的学生们与专家就科学节和未来科学中心的主要特征展开讨论。

表3 尼日利亚大学生培训课程
（那不勒斯，科学城，2008 年 9 月 3 日至 17 日）

2008 年 9 月 3 日	
致欢迎辞	那不勒斯科学城主席朱塞佩·维托里奥·西尔维斯特里尼 欧洲科学中心暨科技馆协会主席、那不勒斯科学城执行委员会委员文森佐·利帕迪 阿苏普塔科学中心协会主席图贝基·阿亚迪克
介绍尼日利亚学生、奥韦里本地情况和培训项目	那不勒斯科学城国际关系负责人安娜-玛丽·布吕亚
2008 年 9 月 4 日	
科学中心的概念和历史	那不勒斯科学城馆长路易吉·阿莫迪奥
正式和非正式学习的关联	那不勒斯科学城教育活动负责人马里奥·坎帕尼诺
科学和社会:科学和科学传播在社会中的作用	科学记者皮埃特罗·格雷科
意大利语课程	

续表

2008 年 9 月 5 日	
科学中心活动类型	那不勒斯科学城展览与观众活动负责人古列尔摩·马格里奥
科学中心展览区	那不勒斯科学城教育组路易吉·切里、安娜·波罗，讲解员菲奥莱拉·尤利亚诺
展览布置和后台	那不勒斯科学城展览项目负责人玛莉亚·特蕾莎·皮卡·恰玛拉
意大利语课程	
2008 年 9 月 8 日	
宣传与媒体策划	那不勒斯科学城宣传负责人卡尔洛·古达肖内
科学中心的观众需求	那不勒斯科学城讲解员弗朗西斯科·德玛蒂
面向观众的传播技巧	那不勒斯科学城讲解员戴维德·佩特龙、古列尔摩·马格里奥
天文馆和天文学基础	那不勒斯科学城天文活动负责人亚历桑德拉·扎纳齐
意大利语课程	
2008 年 9 月 9 日	
参与动手展览、"方轮子"研讨会	"科学万岁"协会皮埃特罗·塞雷塔
2008 年 9 月 10 日	
关于音乐和科学的公开活动	协调人：那不勒斯科学城教育活动负责人马里奥·坎帕尼诺
关于食物和健康的公开活动	协调人：那不勒斯科学城弗洛拉·迪·马尔蒂诺、弗朗切斯科·梅奥、德博拉·曼佐尼
奥韦里科学节策划研讨会	协调人：那不勒斯科学城展览设计玛莉亚·特蕾莎·皮卡·恰玛拉、阿蒂利奥·扬尼蒂、安东尼奥·滕佩斯塔
意大利语课程	
2008 年 9 月 11 日	
面向公众的环境主题教育活动	协调人：古列尔摩·马格里奥、佩莱格里诺·科维诺、里卡尔迪·多诺弗里奥、达维德·彼得罗内

续表

2008 年 9 月 11 日	
面向公众的能源主题教育活动	协调人:安娜·波罗、路易吉·切里、佩莱格里诺·科维诺、罗赛拉·派伦特、亚历桑德拉·扎纳齐
奥韦里科学节策划研讨会	协调人:玛莉亚·特蕾莎·皮卡·恰玛拉、安东尼奥·滕佩斯塔、阿蒂利奥·扬尼蒂
意大利语课程	
2008 年 9 月 12 日	
欧洲意识情景研讨会	协调人:那不勒斯科学城国际关系组卢卡·西蒙尼
	主持人:那不勒斯科学城国际关系组卢卡·西蒙尼,那不勒斯科学城教育组亚历桑德拉·扎纳齐、亚历山大·德里奥利
意大利语课程	
2008 年 9 月 15 日	
推广和宣传研讨会	协调人:那不勒斯科学城传播组卡尔洛·古达肖内、芭芭拉·马吉斯特雷利
观众管理和试运行培训研讨会	协调人:那不勒斯科学城教育组安娜·波罗,那不勒斯科学城讲解员菲奥莱拉·尤利亚诺、古列尔摩·马格里奥
奥韦里科学节策划研讨会	协调人:那不勒斯科学城展览设计玛莉亚·特蕾莎·皮卡·恰玛拉、阿蒂利奥·扬尼蒂、安东尼奥·滕佩斯塔
化学酒吧	埃莉萨·兰波内·金尼、朱莉娅·马尔莫·加埃塔、费代里科·布里吉达
意大利语课程	
2008 年 9 月 16 日	
云:科学剧场实践	"云"剧团恩里科·德·卡波亚
"遥远的未来——科学与科幻小说之间的旅程"科学节案例学习	那不勒斯科学城传播项目负责人戴安娜·安吉拉·帕尔玛

续表

2008 年 9 月 16 日	
面向公众的会议和辩论	那不勒斯科学城教育组亚历桑德拉·扎纳齐、罗赛拉·派伦特
尼日利亚学生为奥韦里科学节做准备	
意大利语课程	
2008 年 9 月 17 日	
由尼日利亚学生介绍奥韦里科学节并进行讨论	

最后，培训方与那不勒斯欧洲信息公民中心合作开展了意大利语言和文化实验室活动。参观那不勒斯的历史中心和国家考古博物馆，并且开展卡普里岛之旅，这也有利于跨文化沟通。

创办奥韦里科学节

项目的第三阶段是奥韦里科学节的组织举办，时间定在2009 年 4 月底。虽然科学节只是一次短期活动，但它的举办标志着针对当地公众的科学传播工作正式启动。科学节大获成功，是对短期内公众兴趣、当地组织体系的影响力、合作伙伴组织效率的一次检验。科学节的优势在于能在短时间内集中大量精力进行宣传和推广，同时由于这是临时活动，所以基础设施和维护成本有限。

奥韦里科学节是一次真正的科学盛会，既有小型动手展览，又有科学演示，能够激发大众尤其是青少年的好奇心，仅需少量教学材料，使得类似活动易于在学校再次开展。利用科学节这一具有明确目标的科学传播项目，可以评估当地科学传播的新资源，包括教师、研究人员和学生（具体参见第四部分，从理论到实践）。

（翻译：江芸）

第一课: 活动和工具概述

古列尔摩·马格里奥（Guglielmo Maglio）*

引言

本部分的主要内容是介绍那不勒斯科学城开展的活动，关注其做法与经验，同时列出了筹备活动、设计活动方案时需要考虑的因素，包括积极因素、消极因素。

活动

关于科学中心的"使命"，前文已有详细介绍，此处不再赘述。

作为科学中心的工作人员，我们应着重从观众参观科学中心的需求方面来实现以下四个主要目标。

目标一：让人感到愉悦。大多数人来科学中心是希望度过一段愉快的时光，他们希望享受科学带来的乐趣，也希望身处友好环境、身边围绕着值得信赖的人。当我们策划活动时，应

* 古列尔摩·马格里奥，那不勒斯科学城展览与活动部，邮箱：maglio@cittadellascienza. it。

始终牢记这一点。一个活动，如果从一开始就知道会是无趣的，我们就不应予以考虑，更不要说开展了。此外，多项研究证明，友好而有趣的环境能激发人们的好奇心，提高学习效率。

目标二："讲解"。在为观众创造良好的参观环境以后，接下来要做的是为观众提供一些基本的科学知识。这里的动词"讲解"是带引号的，因为我们通常在学术环境中听到这个词。我们真正要避免的是"灌输知识"。科学中心的理念是让观众自主学习，因此，在观众原有知识体系的基础上，科学中心需要为观众提供少量的信息，从而帮助观众构建自己的学习过程。

目标三：提供科学资讯。观众来到科学中心，认为能与所有科学学科领域的专家交流，这当然不可能，然而，我们必须有所准备，及时了解最新的研究或是"最热门"的话题。观众往往认为科学中心是他们获得可靠科学信息的主要来源。基于上述原因，我们不能冒险辜负他们的信任。

目标四：促进观众和科学家之间的互动。科学中心应始终作为一个"论坛式"的舞台，我们应该引导观众在一个"安全"的地方与科学家面对面交流。此外，我们还应该为观众之间交换意见、辩论和探讨问题营造舒适的环境。

我们如何在日常活动中实现这些目标呢？对此并没有唯一固定的答案。需要考虑的因素很多。本书中，我们只是指出组织一场活动时遇到的一些最常见、必须考虑的问题。

观众的文化背景。首先需要了解参加活动的对象，观众是谁，来自哪里。

工作目标。假设活动针对的是某一特定的群体，需要时刻谨记三点：一是想要达成何种目标，二是预期为观众提供知识的深度，三是预期与观众互动的程度。

可用时间、空间和资金。 在策划活动时，不能忽视这些因素的作用。如果我们能够提前做好计划，就可以降低一场活动的成本。

馆内专业技能、馆外专家。 一方面，应该充分利用机构内部员工的专业技能和知识；另一方面，必要时果断地邀请馆外专家提供专业支持。

包括那不勒斯科学城在内的所有科学中心都会为观众提供不同类型的活动。最常见的活动包括展览、科学家见面会、科学剧、科学表演、导览、焦点小组和科学咖啡馆等。下面我们将详细介绍部分活动，并提出一些意见或建议。

展览

展览是科学中心与观众交流最常见的方式。展览通常设置了多项任务，如提出问题、请观众发表意见、投票或给出提示和线索。在这里我想强调一下展览作为交流工具的积极因素和消极因素。

积极的一面是，展览策划往往带有特定的目的。策展人在设计之初就预设了展览的内容、对象、方式。即使没有人讲解，展览往往也能达到很好的效果。因此，如果我们在设计和制作阶段花费大量资金，一旦布展完毕，接下来也可以省去一笔运作资金。还有一些方法可以增强展览的"吸引力"，通过颜色、声音、图像等吸引观众的注意力。展览可以持续很长时间，始终向观众传达某些信息，而且可以从一个地方转移到另一个地方，吸引不同国家的广大观众。展览还提供了不同层次的信息，观众在接收信息的过程中，可以通过多加关注、与他人交流等方式，提升自身获取信息的数量和质量。最后，展览是一个可以同时开展不同类型活动的理想平台，比如科学表演或戏剧。这一点我们将在下文进行介绍。

当然，展览也有消极的一面。好的展览耗资巨大。策展需要具备大量的知识储备和专业技能，且往往只能对某个主题所涉及全部科学信息中的一部分进行展示。展览需要定期更新（特别是当展览涉及新技术时），并且需要持续维护（尤其是互动型展品）。有时，观众会因为害羞而不愿意靠近互动型展品，所以现场需要有人引导（即讲解员）。应该避免过多的说明文字，因为我们知道，科学中心的观众更喜欢"做"事情，而不是"读"说明。

科学家见面会

本部分介绍科学家、研究人员、讲师或任何其他专家出席的见面会，他们受邀与公众交流研究成果或就某一科学主题发表观点。这是科学中心的一项重要活动，通常是在科学中心缺乏某个科学主题的资料时，或就某个具体问题为观众介绍概况并与观众展开交流时，才会组织此类活动。积极的一面是，科学家见面会的主题可以是最新的科技新闻，即使场馆尚无该主题的展览。与此同时，科学家有机会向大众介绍和解释"真实科学"（即实验室和研究中心都在做什么）。事实上，当科学家出现在"典型工作场所"（实验室、大学）之外的地方时，观众在科学中心营造的友好环境中，看到科学家作为"普通人"的一面，也就不会那么羞于和害怕提出问题、做出评论。此外，科学家需要公众支持他们从事的科研活动。由于为这些活动提供经费的往往是公共部门，政府官员需要看到公众对科学研究的支持。同时，这也有助于促进科学中心和大学之间建立牢固的关系。另一个积极作用是，讨论有助于对一个话题进行扩展和延伸，进而探讨该话题的其他维度，如与某一特定科技领域相关的伦理、法律和社会问题。科学中心能够直接得到观众对社会议题的反馈，这本身就蕴含着巨大的价值。

　　此外，如果一位知名科学家在科学中心做讲座，不仅能够吸引观众，也会吸引媒体关注。与整个展览相比，纸媒通常对单场的科学活动更感兴趣，因为展览一般要持续几个月，在较长一段时间内都对外开放。当然，我们要考虑组织这样的讲座所需的时间和金钱。那些著名的科学家往往很忙，所以讲座需要提前很长时间开始策划。然而科学家们也可能在最后一刻宣布无法出席，他们会找到"充足的理由"，逃避前往科学中心为一群"无知的"听众讲课，所以，哪怕是在最后一刻，我们也要有替代方案。有时，科学家的到来也带来另一个问题。科学家根本不知道如何与外行人或学生交流，这是主办方最可怕的噩梦。在那不勒斯科学城工作的 10 年里，我所接触的科学家中，只有少数人能够以普通人都能理解的方式说话以及解释他们的观点。大多数科学家都以为，普通公众对他们所热爱的科研工作抱有同样的热情，他们感到兴奋的事情，也能让普通公众激动不已。所以，当我遇到擅长与公众沟通的科学家时，我会尽我所能，确保科学中心与这类科学家保持长久的、令人满意的合作关系。确定讨论主题和受众群体是谁，也是要考虑的问题。通常情况下，从数量和可及性来说，服务学生群体最容易。说服教师带学生来听讲座比说服家庭团体或个人要容易得多，然而学生往往更容易分心，如果演讲者不是一个好的沟通者，学生们很容易感到厌烦。

科学剧

　　然而，科学中心的科学剧上演时，不会发生上述问题。科学剧是由一名青年演员或一名具备良好沟通技巧的讲解员来表演科学内容的一类表演节目。作为一种非常有力的方法，科学剧适用于传播科学事实、讲述科学故事和阐释科学困境，包括那些涉及伦理、社会和法律的问题。演出对观众有吸引力，并欢迎观众参与和进行评论。家庭观众对这类活动特别感兴趣，那些对科学持怀疑态度的人，以及只是陪朋友或家人来科学中心消磨时间的人，也会产生兴趣。科学剧以情感为基础，容易激发观众的好奇心，适用于不同的主题。科学剧既可以在馆内的展厅进行，也可以在馆外进行。观众往往非常挑剔，所以演员或讲解员的技巧既能为科学剧锦上添花，也有可能导致表演失败。应该限制每天的表演次数，让演员得到充分的休息。另外，最好根据预估的观众数量，将科学剧安排在观众较多的时段。另一个常见问题是表演科学剧牵涉的工作太多。要先写出剧本并做出修改，经过多次排练，演员方能把握住角色。而一旦演员离职（比如找到了新的工作），培训新演员就等于从头来过。最后一个可能存在的问题是关于演员的表演。事实上，演出过程中，演员而非故事或科学事实才是真正的催化剂。因此，人们也许会被演员吸引而忘记其他。我记录了一位老师对科学剧《查尔斯·达尔文生平》的评论，他说，由于科学中心环境嘈杂，他听不清女演员的声音，但他还是看得很投入，因为女演员如此美丽，他们（他和他的学生）就一直盯着她看。

科学表演

科学表演是科学中心的"一日三餐"。自科学中心类的博物馆出现以来，组织精彩的科学表演就成了此类博物馆的日常活动之一。通常，科学中心入口处会大力宣传科学表演。一般来说，每天循环安排好几场科学表演，或者安排周末专场。一场科学表演由一到两名讲解员演示不同主题的科学实验，如物理、化学、自然与环境、营养等方面。

科学表演通常会选择视觉冲击力强的实验，再配上相关主题的小故事或图片。一般由沟通能力较强的资深讲解员进行讲解，多使用低成本实验材料，观众可以在家中或学校尝试自己动手重复实验。观众一旦看到表演台上摆放着生活中常见的物品，好奇心就会大增，因此，它很容易吸引家庭观众和教师参与。

当然，科学表演需要较长的准备时间，更别提表演结束后清洗或更换实验材料和用具。另外，科学表演也有消极因素，为了便于观众理解，可能会以过于简化的方式来陈述一些科学事实。

导览

科学中心非常鼓励观众自己探索展品，在科学中心设置导览看似意义不大，但当讲解员带着学校和家庭团体参观科学中心各个展厅时，观众往往非常开心。可能与观众的文化背景有关，这类导览活动在南欧比在北欧和美国更流行。事实上，那不勒斯科学城从一开始就意识到，观众自主参观时经常迷路或者错误地操作展品，他们甚至在离开时认为参观不值票价。而这仅仅只是因为他们还没有适应不在工作人员的帮助下参观博物馆。如果我们安排讲解员免费陪同参观，引导观众体验、观察科学中心的精彩奇妙之处，观众就会感到更加自在，这是因为他们有机会通过一位"主人"来"了解"这个科学中心，"主人"带他们四处参观，这一过程中主客之间还可以相互交流想法和意见。那不勒斯科学城一直为学校团体、家庭团体，甚至是由散客临时组成的团体提供讲解服务。

导览是观众与科学中心工作人员接触的首站，所以接待观众的时候需要特别注意，讲解员必须训练有素，当学校团体到来时尤其如此。讲解员必须避免像教师在课堂上讲课那样为观众讲解，并且需要激励观众提出问题、做出评论，而不是简单地解说。此外，讲解员必须做好准备去了解观众的特点，避免让任何成员领导团队，还必须鼓舞团体中胆怯的成员。导览工作最大的风险是讲解过程枯燥乏味或者讲解员没有能力引导讨论。

导览当然也有积极的一面，比如能与观众面对面交流，能与观众增进友好感情。讲解员还可以了解观众对展览的感受，是否太过冷冰冰或"难以理解"。优秀的讲解员能够在导览的头 10 分钟内与观众成为朋友，从而提升观众体验。一群欢乐的观众将成就一座充满欢乐的科学中心。

焦点小组

焦点小组是最近才在各个科学中心兴起的一项活动。过去 10 年中，科学中心不仅让观众可以在此学习科学和体验乐趣，还可以探讨科技所带来的副作用，讨论的话题既包括科学基本事实，也包括从伦理、社会和法律角度看到的科技对人类日常生活的影响。欧盟资助了多个研究项目，来调查欧盟各个国家民众对科技的态度，在此背景下，焦点小组活动遍布欧洲。结果证明，科学中心是开展这类访谈（或讨论）的最佳场所，理由是长期以来，科学中心受公众信赖，为不同观点提供发声渠道，也能帮助观众形成自己的观点。焦点小组已遍布整个欧洲，即使观众缺乏必要的知识，科学中心也能为其提供特定的方法来帮助观众参与科学话题辩论。焦点小组通常由一名主持人和五到十名不同年龄、性别、文化和社会背景的观众组成。观众抵达科学中心后，先利用较短时间看一个短片，听一个故事，参观一个展览或采访科学家，这个步骤被称为"启动活动"。之后，主持人组织讨论，帮助观众表达自己的观点，鼓励小组所有成员讨论所见所闻。有时，还会录下讨论过程的音频，并由社会学家和其他领域的研究人员相继对其进行分析，以了解讨论的进展情况。

　　焦点小组积极的一面在于观众乐于辩论，也乐于了解他人的观点。他们意识到，在适当的帮助下，他们有能力讨论那些以前可能完全不懂的话题，真切感受到自己在这个平等的过程中发挥了作用。了解观众对科学和日常生活相关话题的看法，对科学中心而言十分重要，有助于开发更好的展览、项目和活动，也凸显博物馆和科学中心的社会作用，帮助公众形成自己的观点，在民主化进程中投票。然而，有时主持人不能以公正和不偏不倚的方式引导讨论；焦点小组成本偏高，而且最糟糕的是，科学中心各类活动很多，吸引观众参加一个小时的公开讨论难度非常大。如果为观众提供食物和饮料，通常情况下可以提高活动的吸引力。

（翻译：张小素）

第二课：展览在科学博物馆和科学中心中的作用

安娜·波罗（Anna Porro）

路易吉·切里（Luigi Cerri）*

20 世纪下半叶，一种新型博物馆诞生了，它们制作了新的内容，用以促进学习、探索和发现。科学中心起源于 20 世纪 20 年代德国慕尼黑德意志博物馆中展示的运转着的技术展品。20 世纪 50 年代至 60 年代，荷兰埃因霍温的进化博物馆、美国旧金山探索馆和加拿大安大略科学中心逐步兴起，它们向全世界展示互动展品，是我们如今所知的第一批真正意义上的科学中心。此类博物馆需要配备专业化生产车间来制造展品。

众所周知，观众来到这些博物馆不仅是为了"看"展品，还为了"动手体验"展品。因此，需要设计既能在展厅里展出，也能在工作坊里体验的展品。开发一个好的互动型展览，需要心怀热情、具备直觉、掌握知识和技能。这项创造性活动需要策展人、规划者、设计师、技术人员、科学家和教育工作者的参与，并且如果可能的话，还要挑选一些观众参加抽样调

---

* 安娜·波罗，路易吉·切里，那不勒斯科学城教育和科学传播项目部，邮箱：porro@ cittadellascienza. it；cerri@ cittadellascienza. it。

查。挑战在于打造出可参与、易于使用的互动展品，能够鼓励观众体验或探索。

旧金山探索馆的创始人弗兰克·奥本海默曾称，重要的是要尽可能多设计一些变量，因为只通过观察事物运转而获得的信息是很有限的，要想了解更多，必须通过改变一些变量，然后观察事物会发生什么变化。

参与和互动使展览环境变得"个性化"。互动能够吸引观众，使观众投入，并且激发观众的兴趣。互动是一个"相互"的过程，也就是说，观众与展品互相作用。互动展品最重要的一点就是观众收到的反馈。如果某件展品的操作现象不明显，或者观众需要通过阅读大段的解说文字才能获取知识，观众可能会不明就里，或者产生误解，甚至产生挫败感。缺乏反馈会导致观众中途离开，最终导致观众获取的是不准确的信息及错误的设想。

确保展品能够正常运行。观众的行为是非常难预测的，他们会以成百上千种方式与展品互动。要做到展品设计简洁，说明牌内容清晰准确，互动效果明白易懂。观众不会花太多时间去弄清楚如何使用或操作某件展品。无论展品设计有多巧妙，制作有多精良，都需要专人进行维护。

时间是展览体验的另一个重要因素，而今天的人们似乎永远没有足够的时间。因此，策展人必须把展览设计得清晰、简洁。观众吸收信息的时间有限，因此展品说明牌应该清晰明了、简短易懂。人们通常只花几秒钟的时间来阅读说明牌，在如此短的时间里，说明牌必须向观众传递基本信息。在展览开发的整体计划中，说明牌的制作也许是一个相对次要的工作，也有一些策展人坚信观众不会阅读说明牌，但研究表明，观众希望了解他们所看到的展览的信息，没有说明牌，观众的兴趣会有所降低。展览主要营造交流思想的环境，说明牌能够代表展览与观众进行"对话"。如何制作出观众能够读懂、容易理解的展品说明牌是一个挑战。为了使交流有效，展览必须用观众熟悉的语言，讲述有趣的故事。

此外，策展人必须知道他们的展览是面向哪些群体的，这些人的兴趣是什么，有什么共同的背景或知识储备，如果可能的话，展品必须用观众的语言，并且简单明了，但也不能过于简单化。

（翻译：张小素）

第三课：展区设计流程

玛莉亚·特蕾莎·皮卡·恰玛拉

（Maria Teresa Pica Gamarra）*

引言

展览是一种特殊的学习工具，它为理解复杂问题提供了一种叙事方法，它也是一个情感和理性能够和谐共存的地方。

尽管一个卓有成效的科学展览的主要内容是科学主题，但展览设计和实现方式会强烈影响整体效果。

展览设计需要具有创新能力和组织能力，以支持展品开发、场景设计和项目管理，也需要具备筹集资金、版权管理、国际巡展、展览租借等方面的专业知识。此外，还需要多媒体演示技术和虚拟展览的专业技术。

一般来说，展览制作过程可以分为三个主要步骤：①策划与设计，②制作与安装，③维护与运行。

* 玛莉亚·特蕾莎·皮卡·恰玛拉，那不勒斯科学城展览发展部，邮箱：mt@ cittadellascienza. it。

策划与设计

展览的总体设计应基于仔细分析每件展品的展示目的、目标观众，以及估算有多少可用资金。对于科学展览来说，最合适的风格会随着待展示的科学主题类型、使用的设备和预算的多少而改变。对于常设展览或巡回展览来说，情况尤其如此。无论如何，展览是一种整合了不同种类媒介的交流方式。此外，也可以将展览看作是一个"身体和灵魂"的系统。

展览的"身体"对应着展览中实际存在的要素，主要是布景（大环境）和展品。通过展品传达复杂的科学信息，往往可以采取多种方式，这也取决于展品的目标受众。展品可以是静态的，像大多数海报（如教学图板、含有深入介绍的文字展板）一样，也可以是互动式的。选择最合适的展示方式，让具体资料能够有效传递信息，是创建有价值的科学展览的第一步，也是最重要的一步。展品可以分为教学性展板、图文展板、互动展品、多媒体展品（音像制品）、艺术品和/或实物以及基于互联网的展品（将不同的观众聚集在一起）。展览通过体验、信息、视觉和互动要素、抢眼且有吸引力的艺术品等更好地阐释科学主题、激发科学兴趣与好奇心、创造乐趣。此外，展览还必须为观众创造交流环境，鼓励观众就展示的科学主题交流感受、分享观点。

展览的"灵魂"指的是总体氛围，它来源于特定的主题、信息和面向特定目标受众的思考。与展览"身体"相关的活动，如大型活动、教育工具、教学活动、戏剧表演等，也有助于体现展览精神，活动主持人和解说员发挥的作用对展览的成功至关重要。因此，展览的使命（促进身体与灵魂的融合与对话）是实现展览的总体目标和具体目标，也要与它的科学内容、概念和目标受众相匹配。

谈到目的，首要目标必须是营造一种愉悦的、与观众"对话"的总体氛围，邀请观众走进展览并参与每一件展品。

关于科学内容，展览必须指向公众，从展览的概念开始，从选择列入展览的科学项目及其子项目开始。

关于目标受众，科学展览的最终受益者通常是不同年龄段的在校学生、家庭和广大公众。整个展览和每件展品都必须明确目标受众。因此，有必要知道和了解观众的文化背景和社会背景，便于为目标受众选择特定的传播方式（尤其是针对儿童）。

就管理方面而言，展览还应支持教育工作者开展教育活动，包括开辟适当的区域、提供展品以及灵感元素。

组织工作

启动展览策划工作，其中一项重要的任务是成立工作组，将工作分成若干活动/阶段，并明确各个阶段的责任。必须制定项目进度计划，列出项目的不同活动和不同阶段，做好工作安排。随着工作的进展，必须不断检查项目进度，并在必要时进行更新（见表4），确保工作组的成员在整个过程中都可以共享项目进度计划。例如：成本核算必须分析包括项目策划、生产、安装和测试阶段在内的所有费用，同时考虑技术和其他具体需求（见表5）。

表4 展览开发时间示例

活动	月份			
	1	2	3	4
活动1:决定项目组成员,制定项目计划	■			
活动2:概念设计	■	■		
活动3:深化设计、制作、安装			■	■
活动4:教育活动研发	■	■	■	
活动5:展览开幕和开展活动				■

表5 展览预算示例

清单	单位	数量	单价（欧元）	总价（欧元）
设备和耗材				
展览材料				
展览布景	每平方米	400	15	6000
互动展品	件	20	2500	50000
多媒体产品	台	4	200	800
展板	块	40	40	1600
活动期间维修、调试	每周	4	100	400
家具、电脑设备				
电脑	台	8	700	5600
嵌入展品的电视屏幕	台	4	350	1400
平板屏幕	台	2	400	800
触摸屏	台	—	550	—
等离子屏幕	台	2	700	1400
视频投影仪	台	4	350	1400
配件/机器、工具设备	件	30	100	3000
设备和耗材的总价				72400
出版物				
海报、传单	份	400	30	12000
解说材料	份	1000	4	4000
展品运输,保险				
展品/其他运输	物料控制	400	25	10000
其他费用总价				26000
总　价				98400

总体规划和布景

展览的总体布局应该包含"灵魂"和"身体"，如前所述，这些应该尽可能地与该展览欲传达的科学主旨相关联。总体规划包括选择主要材料、技术和色系，完成展品样机，制作展览的标识。在这一阶段，结合教学需求和教育活动考虑展览设计、空间设计至关重要。

此外，展览与场地密不可分，因此有必要确认有关场地的重要信息，如：

——分析内外部区域，以便于营造舒适氛围、引导公众参观展览；

——检查所有技术方面的特点（如照明、电源连接和插头、网络、无障碍通道等）；

——为可能存在的问题列出解决方案（如展品在安装阶段如何进入内部区域、电路和数据连接线路等）。

展览各要素策划

列出展览清单，包括所需物件（展品、教学展板、图形展板、设备或技术设备、多媒体产品、音像等）和需要购买的配件（技术设备、家具等）。还必须准备教学展板的初稿，提供简明、清晰的信息，方便观众理解。随后制作更复杂的展板，用来解释更复杂的信息。

多媒体展品、沉浸式展示、工作区（即以新技术为基础的展品）通常会引起公众的兴趣。计算机和视频技术对展览策划的影响和作用越发明显。高清显示技术近年来的发展使得互动显示器可以重复使用。越来越多地使用互动技术，意味着这项技术将在未来发挥重要作用。许多展品已经通过使用三维玻璃和移动式隔板来鼓励观众积极参与。计算机和触屏传感器将实现更高水平的发展，融合静态展示与互动展示。不久的将来，全主动式科学展品将具备各种能力，包括全动态视频、交互式数据选择以及向创作者和设计师提供主动反馈与被动反馈等。这些技术通常需要高额预算，包括购买相关技术（硬件）、制作原创产品（软件）以及所需的连接系统（如同步工具）。

相比之下，既简单又便宜的展品反响率也很高，尤其是参与式展品，观众可以分享经验、交流意见。从这一点上看，鼓励观众就科学主题进行辩论无疑是促进观众交流的好方法，事实上，必须优先开发能够激发观众参与的展品。

展览详细的项目内容和设计包括创建不同组别的全部规格：

·展览的总体布局，包括电力和数据线、灯光、后勤和具体需求、规格；

·单件展品的设计，包括材料、所需的机电部件、颜色、表面处理等信息；

·需要购买的物品清单，如家具、技术设备等；

·图文展板、标识、布景的平面设计，包括印刷工艺、背衬材料、固定装置等的规格；

·创作原创多媒体产品的故事板；

·最后核对总体及单项的费用，包括运费、保险单等。

制作与安装

在这一阶段，策展团体负责展品制作和展览布置的工作指导和流程管理。这一时期可能会出现许多问题，策展团体必须做好准备，必要时对项目规划进行及时修改，遇到问题要毫不犹豫地解决。为了按照项目进度和计划推进工作，策展团体可能不得不回到快速头脑风暴的阶段，寻求可能的解决方案、分析和决策技巧。在展览开幕前，可能需要进行一些修改，因为展品的运转状态或文字信息等可能存在问题。不同的展品安装完毕后，必须设置和测试每件展品。可以挑选一组观众体验每件展品，请他们对展品的美学、功能以及教学内容等进行反馈。

维护与运行

为了保证展览处于良好的状态，策展团队必须将维护信息传达给工作人员。可以为此编写一本技术"手册"。观众满意度分析也是必不可少的，用以评估展览对不同目标受众的影响、展览整体氛围和单个展品效果。

成功的展览需要精心策划，使用现有设备，配备人力并付出辛劳。每种类型的展品都有其优缺点，应根据展览的内容、目标受众、科学主题类型以及经费等现有资源进行选择。分析展览的主要意图、预期的观众和信息，才有可能创造出一个对广大受众都有吸引力和影响力的展览。

最后，从最初的研发阶段开始，展览就必须不断加以改进，包括以教育为目的的科学传播、展览的总体吸引力、展品的运转状态和科学最新动态等多个方面，以更好地满足观众的期待。

（翻译：张小素）

第四课： 教育活动

马里奥·坎帕尼诺（Mario Campanino）*

引言

本部分讲述那不勒斯科学城的专家和教育工作者如何让学生参与一种创新科学教学方法的策划和测试。这种方法是教育机构用来开发日益动态化、多样化教育路径的一种重要工具。

活动

"科学教育实验室"开展的活动，提供了非正式学习环境中的实验教学体验。教室中的所有要素（包括家具、设备、教师和辅导员使用的语言等）都旨在营造积极和协作的学习氛围。学生参与者的年龄从 8 岁到 18 岁不等，在开展相关活动时，需要将特定参与者的年龄纳入考虑范围。实验室活动约有 150 种不同主题的体验，涉及不同学科，包括物理、数学、地球科学、生命科学，甚至艺术、音乐科学等。

---

* 马里奥·坎帕尼诺，那不勒斯科学城教育和科学传播项目部，邮箱：campanino@ cittadellascienza. it。

学习和知识

那不勒斯科学城对科学教学的探索，就像大多数课题研究一样，聚焦新概念的发展，并为没有明确答案的问题寻找答案。在本例中，第一个问题：学习是什么？第二个问题：知识是什么？

伯克利大学的一项研究显示：仅 2001~2004 年人类产生的书面信息量就相当于 1970~2000 年 30 年产生的书面信息量之和。此外，这个数量还相当于自文字发明以来至 1970 年所产生的所有书面信息总量。2005~2006 年，人类再次产生了与上述时期相同数量的信息，但时间更短，这进一步说明了信息保持指数级增长的趋势。

接着新的问题出现了，人类如何应对如此大量的信息？还有，在教学过程中，教师如何引导自己和学生在这个庞大的知识迷宫中寻找出口？为了成功地传递这些信息，需要在传统教学方法的基础上构建一种替代方法。这种替代方法应该在强调学习和获取知识适当方式的同时，让学生在掌握适当学习方法的基础上，能够有效利用已有的信息恰当且独立地继续学习。

非正式方法与建构主义

建构主义是一种教学理论，它提出了一种新的教与学的方法，目的是针对先前提出的假设，从"学习环境"的概念开始，以一种非传统的方式来设想教与学的过程。建构主义学习环境必须是有意义的、积极的、合作的、对话的、反思的、情境化的、有目的的和建设性的。正如教育心理学和学习技术领域的研究员大卫·乔纳森（Dave Jonassen）教授所指出的，建构主义环境必须：

· 重视知识建构，而不是知识的再现；

· 当表现真实情境的复杂性时，避免极端简化；

· 提出真实的任务（情境化而非抽象化）；

· 提供来自真实世界的学习环境，以案例为基础，而不是预定的教学顺序；

· 提供现实的多种表现形式；

· 鼓励反思和推理；

· 允许知识建构不一定与具体内容相联系；

· 鼓励通过与他人合作，共同建构知识。

因此，非正式环境可以定义为一种表达教育价值但不受外部控制的环境。非正式是一种与学习环境、学习方法和学习动力有关的特征。布鲁诺·穆纳里（Bruno Munari）在其著作中多次提出：

· 所有人把简单事情复杂化，很少有人能够做到复杂事情简单化；

· 为了简化，你必须知道如何删繁求简，这意味着你必须知道删去什么；

· 保持简单，比复杂更难；

· 删减比增加要难。

社会通常将教学定义为"解释"，而把学习等同于"研读"。而建构主义提出，人们开始将教育活动中的"辅导"和"参与"看作教学，将"动手做""交谈""想象""计划""制作""评估"看作学习。建构主义认为，认识和理解现实意味着成功地将事实和意义联系起来。我们对世界的体验，如思想、情感和感觉都是符号，学习的过程为这些符号赋予意义。思想与语言与形式化的知识有关，是人类理性的一部分（大脑）；人类非理性的一部分与情感和情绪有关（心脏）；感觉与感官有关（身体）。人的这三种体验（认知、情绪、感官）对于人类知识的发展同样重要；因此，教育学习活动不应局限于阅读课本。学生参与实验、演示、游戏、口头交流和表演等教育活动应纳入正式学习机构（如学校）和其他学习机构（如博物馆、科学中心、科学活动）的课程中。

评估

非正式教育活动中的一个主要问题是如何正确评价学生的进步。问题出现在确定"评价什么"和"如何评价"上。在非正式教育过程中，很少有明确的量化指标来衡量教与学的效果。因此，实施评估应从确定教育活动的目标开始。例如，我们想用非正式教育来教什么？基于建构主义的回答是，在非正式教育中，我们希望通过改变学生的"学习行为"来提高知识处理的质量。如何衡量这一点以评价进步？答案是考查学生在教育活动中的表现，他们如何组织自己的知识，以及学生自身对于这一体验的想法。因此，在传统的学校环境中，从学生中收集此类数据所用到的评价方式，不是典型做法。

首先，为了评价学生在活动中的表现，可以使用以下工具：

·所有活动的录音和录像；

·与活动辅导老师的访谈；

·与参与活动的教师的访谈。

其次，为了评估学生如何梳理知识，可以使用以下工具：

·概念图；

·问卷调查；

·绘画（针对幼儿园和小学生）。

最后，为了评估学生对体验的看法，可以使用以下工具：

·关于学习体验的报告；

·给朋友写信（真实或想象的朋友，必须交流此次学习体验的目的）；

·打电话给朋友（与信件的要求相同，但要更多地交流情感方面）；

·采访学生。

可想而知，这种评估是一项非常困难的工作。在我看来，这是非正式学习难以纳入当今学校和其他教育机构教学方式的主要原因之一。然而，当前如果撇开这一教学方法乃至教育理念的话，就不可能实现有效的科学教育。事实上，这是帮助当今学生面对现代世界复杂性的唯一方法。

（翻译：刘怡）

第五课： 会议和辩论

罗赛拉·派伦特（Rossella Parente）

亚历桑德拉·扎纳齐（Alessandra Zanazzi）*

引言

通过讲座、会议和辩论邀请公众、科学家、研究人员、专家和决策者共同参与，是科学中心与公众互动的最重要方式之一。这些活动通过提供知识和深入调查，以及为公众提供一个讨论科学、社会相关重要议题的论坛，作为正式学习的补充。这些演讲可以许多不同的方式组织，并实现不同的公众参与度。应精心组织演讲或辩论，以便演讲者有效地交流观点，让听众能够理解、学习、批判性分析，并向演讲者提问。

策划

策划一场成功的活动，组织者应该关注一些关键问题：

·谁？我们的活动对象是谁？我们面向的观众的年龄和类

* 罗赛拉·派伦特，亚历桑德拉·扎纳齐，那不勒斯科学城教育和科学传播项目部，邮箱：parente@ cittadellascienza. it。

型是怎样的？我们希望邀请的演讲者是谁（取决于活动的主
题和个人态度）？

·主题是什么？我们想交流什么？当前社会辩论中出现的
热点话题？学校课程？前沿的科学问题？

·怎么做？我们希望如何与观众互动（如讲座、圆桌会
议、科学咖啡馆）？

·什么时候？制定时间表。

·评估。我们要评估什么？我们用什么指标和工具进行评
估？我们如何选择目标群体？

前三条是最关键的，但不一定要按这个顺序来，没有如此
规定。你可以为学校的学生组织一场活动，内容涉及当年的某
个重要话题。这是你的出发点。既然主题（是什么）和观众
（谁）已经确定，你就可以着手寻找合适的演讲者，并决定如
何实施。你可能想邀请一位诺贝尔奖获得者前往与公众见面。
或者你可能想让公众参与讨论当下媒体热议的话题，可能需
要邀请持不同观点的演讲者同时参与。

受众

你希望"对话"的对象是谁？他们多大了？他们的生活
环境如何？他们的家庭环境如何？学习环境如何（正式或非
正式）？你的目标是公众还是学校？他们的教育和文化水平如
何？这绝不是一件小事。重要的是对参与的公众有所了解，你
的演讲者要了解他/她的受众是谁，以便使用恰当的语言。有
时演讲者无法根据受众的差异来调整自己的表达用语。因此，
你必须小心避开那些面对儿童和家庭受众，无法将复杂概念
简单化的演讲者，或者相反对于受过教育的受众而言用语过

于简化，或者可能与受众的世界相距太远的演讲者（比如，需要知道如何与青少年交谈）。还必须考虑所选受众中一些特定类型的人员（如教师、有特殊需要的学生等）。

主题

会议的主题至关重要。一场好的会议通常能够为预设的问题提供一个答案，最好的话题是那些在学校的正式课程中没有得到圆满解决的话题，或者那些引起好奇心、争议或哪怕仅仅是有趣的话题。选题可采取两种方式：自下而上或自上而下。自下而上的方法中，你需要满足目标受众的一些具体要求（例如，学校教师希望对某一主题进行深入探究，或利用问卷调查反馈他们的需求）。至于自上而下的方法，例如，你可以扮演参与者和其他机构（即大学、研究中心、政府部门、非政府组织、教会、活动团体等）之间的媒介，将这些机构的新发现及所做研究的重要性告知公众，让参与者了解相关的决定、态度，开展宣传活动等。

工作方案

在任何情况下，沟通所采用的语言与采取的沟通方式，或更确切地说，举办何种活动同样重要，沟通的语言主要与确定的目标受众相关。

活动类型包括讲座或互动讲座、会议或圆桌会议、科学咖啡馆、科学表演、科学剧，诸如此类，不胜枚举。让我们更详细地分析其中的一些活动。

讲座和会议，指一次或多次活动，由一名或多名演讲者介绍具体的研究、问题的现状、基础科学知识等。除了演讲结束时的提问外，这类活动较少与公众进行互动。鉴于互动性较低，这类活动很容易管理，只要将主题、目标观众以及在同一会议周期内举行的其他讲座和活动（要是有这些情况的话）告知演讲者。活动时间不应超过 2 小时，否则观众就有可能流失。一定要留出时间让观众提问！鼓励观众参与的一个好办法是在会议前分发一些材料（例如，分发给学校班级）。另一个办法是提供可带回家的材料，以确保活动结束后继续跟进。一些技巧包括：邀请一名以上的演讲者；转腔换调。因此，组织对话甚至辩论，鼓励表达对立的观点（基于科学的），也能使观众保持注意力。提供最新的信息和组织科研人员与普通公众之间的会议是很容易的，但如果不想参与人数太少，就必须认真地进行活动策划和宣传！不一定非得请一位"著名"的演讲者来吸引参与者，虽然这确实有帮助！重要的是演讲者要使用恰当的语言，并能在讲座中传递热情、激情和兴趣。一个缺乏说服力的人永远不可能吸引和说服别人！

为了提高参与度，还可以在讲座中加入一些科学表演的元素，开展一场"表演+讲座"。例如，在讲座过程中，演讲者可以做一些实验，尤其是一些视觉冲击力强的实验（如产生烟雾、灯光等）。这对解释科学原理和创造参与感都有帮助。如果演讲者知道如何"表演"，成人观众的参与和互动就不成问题。

另一种激发兴趣的方法是将会议与展览联系起来。例如，在讲座结束之后，由讲解员带领观众参观展品、标本、模型等。

视频会议。另一种可选方案是组织视频会议。它的功能和讲座相同，但有一个优点，即演讲者不需要亲自到场。不过，需要投影屏幕、互联网连接设备、网络摄像头、麦克风和扬声器。一旦拥有技术设备，视频会议就很容易组织起来，这对年轻人来说特别有趣。这种会议形式还允许"访问"其他基础设施，如与身在异地的专家进行远程交流。一些不便之处可能包括技术上的困难或翻译上的问题（如遇到发言人是外国人的情况）。最后，总的来说，在视频会议中组织互动（提问和辩论）要困难得多。

圆桌会议。这种会议形式允许主持人/介绍人和几位发言人讨论研究、科学和社会问题等。圆桌会议不一定要在事先准备好的发言之后进行。除了最后的提问环节，其间并不安排与公众的互动。演讲者必须知道主题是什么，其他演讲者可能谈及哪些话题，听众是谁，分发的材料（如果有的话），以及同时举行的其他会议和活动是什么。困难在于找到一个好的主持人，主持人需要公正、守时，最重要的是能够激发辩论。再次强调，活动的持续时间不能超过2小时，否则观众就有可能分散注意力，也没有时间提问了！圆桌会议的优势在于，它允许你汇集不同的理论、观点和经验，并从不同的视角来展示某个主题（例如，可以邀请一位生物学家、一位医生和一位伦理或法律问题专家等来讨论纳米医学的新前沿）。这样就可以更全面地了解某个主题及其复杂性。选择演讲者和主持人也很复杂（涉及语言、热情、激情、尊重等因素）。

科学咖啡馆。它以通俗易懂的方式讨论有趣的科学主题，是一种非正式的论坛（而讲座、会议或圆桌会议是比较正式的方式）。事实上，这种方法包括邀请一位演讲者（如果是这样的话，还需要一位主持人）在休闲场所、酒吧或书店讨论科学主题，同时每个人都能享受一杯咖啡或茶、葡萄酒等饮料。这种方式有即时的互动和辩论。演讲者通常是一位科学家或科学作家。活动开始时，演讲者进行简要介绍和简短的演讲，并留出充足的时间与参与者交流和讨论。每个人都可以提问，参与人数通常较多。环境起着关键作用，因为科学咖啡馆的目的是消除科学研究的神秘感，增进公众对其的认识和了解。因此，必须特别注意选择合适的地方。科学咖啡馆通常不在专门从事科学、教育或科学传播的场所内举行。可以在市中心的酒吧、餐馆、剧院等地方举行。演讲者仍然是关键人物，因为他/她必须抱着非正式的态度，必须能够根据观众的好奇心和他们提出的问题，调整自己的演讲内容以适应观众，并跟随辩论的走向。

时间安排

尽可能提前规划好时间表。

·准备工作：谁（演讲者、目标观众）、内容、方式和地点（选一个好地方）。必须提供所需的资源，如果演讲者使用PowerPoint 演示文稿、电影、图像、幻灯片、头顶投影、实物等工具，更容易让观众参与进来。

·实施：编写文案和摘要，给演讲者和与会者打电话/写信，"打广告"。宣传为本，可以利用当地电台、报纸、网站、贴广告、网上发帖、邮件列表（如果可能，包括电子邮件和邮局寄件）、团体广告（教会、兴趣小组、学校、教师等）。

·制作要分发的文件：图片、录音、PowerPoint 演示文稿、资料等。

·评估：问卷、概念图、访谈和数据分析、自动评估（记录什么、何时、为什么、预期和获得的结果）。

评估

评估必须包括：

·目标群体的总体满意度；

·活动的激励效果（对主题相关性的认识变化和对主题的好奇心）；

·活动的教育效果（理解程度、知识增加）。

可能会用到的工具包括拥有开放式和封闭式答案的调查问卷，并且留下空白处供自由评论，以及访谈和概念图（前/后），以便了解目标受众的用词变化。

（翻译：刘怡）

第六课： 科学节

戴安娜·安吉拉·帕尔玛（Diana Angela Palma）*

引言

"遥远的未来——科学与科幻小说之间的旅程"（以下简称"遥远的未来"）是每年在那不勒斯举行的传播科技文化的多媒体科学节。第一届科学节于 1987 年举办，旨在通过关注不同主题的跨学科特征，强调科技创新改变人们生活方式所产生的社会影响，促进人们理解当代一些著名的科学问题。参与者主要包括学生、年轻人和对科技创新感兴趣的普通民众。

科学节每年都围绕一个特定的主题（如生物、能源、环境、机器人等）举行，它设置一系列活动，包括主题科学互动展览、系列讲座、科技创新博览会、科学和艺术实验室、视频投影、表演和儿童活动。主题展览围绕特定的主题，并针对该主题提出的科学问题举办一系列讲座以及精彩的活动。

---

 * 戴安娜·安吉拉·帕尔玛，那不勒斯科学城"遥远的未来"科学节策划部，邮箱：palma@ cittadellascienza. it。

选择主题

组织者们针对科学节特定的目标观众使用"头脑风暴法"确定主题。确定主题时，还需要考虑以下因素。

·吸引力。选择能够吸引大量观众、有助于宣传科学中心的主题。

·话题性。选择与当下热点相关的主题（如奥运会或2012 年国际宇航大会）。

·国际意识。选择可以满足国际社会共同需要的主题（如"全球变化"，有助于得到欧盟委员会专项资金的资助）。

团队合作

为每个小组分配几名专家，各小组设置一位项目经理。每个小组负责指定的任务：

·开发科学节内容（展览、实验室、讲座、儿童活动）；

·寻找赞助商；

·广告宣传；

·市场营销；

·展览布局；

·设施维护。

由项目经理监管整个项目，从最初的构思直至科学节结束。对于"遥远的未来"科学节，项目经理还负责管理预算、拟定活动脚本、确定时间和地点、成立科学委员会（专家负责开发和审查内容）、寻找可能的合作伙伴（大学、研究中心、公司）、向机构和主管科学的政府部门申请赞助

（为活动赢得声誉）以及协调不同的活动（拉赞助、对外联络、内容开发等）。

开发内容

科学展览是"遥远的未来"科学节的主要活动。制作科学展览有三种选择：制作一个全新的展览（需要很长的开发时间）；从其他博物馆租用一个现成的巡回展览（开发时间短，因为展览只需要根据我们的后勤需求进行调整，但收费昂贵）；从博物馆租用一组展品，并在这些展品的基础上开发展览，包括从其他来源获取的额外材料。

一旦确定了展览，就必须与出借展品的机构签订协议。协议必须明确展览期限、租赁费用、所有展出的单件展品的保险价值、运输公司的名称、负责监督布展的人员姓名（加上技术人员数量和所需天数）以及租用展品的详细清单。

从其他博物馆、大学、研究中心或公司获得的一些展项展品也可以添加到展览中以丰富展览内容。而作为回报，这些机构也得到了曝光机会和免费广告。然而，这种情况下，科学中心需要自己承担运输、保险和布展费用。

展览就像讲述故事，需要分成几个章节，每一个展区阐释一个章节。每个展区可以包括一个大型或重要的展品、一些其他的小型展品，以及一些多媒体展品和说明牌。然后，围绕每个展区的主题组织这些展览内容。同样重要的是，说明牌一定要简洁明了（每个大约 10 行）！

讲座

项目组还必须确定科学节主题范围内可能涉及的科学兴趣话题，以扩大科学节的影响范围。讲座每天安排几个新话题，持续吸引媒体的关注。

展览布局

一旦展览内容和所有的要素确定之后，我们就可以开始规划展览的布局。这项任务由设计小组负责，但项目经理也要监督这个过程，以确保展览理念、内容和阐释效果的一致性。

项目经理必须考虑展区每日预计参观人数和观众类型。尤其重要的是，明确展区同一时间段内可容纳的学生人数。为了避免展览开幕后的麻烦，在这个阶段还必须确定参观路线。

广告、赞助商和营销

这些工作由广告、赞助商和营销小组负责（参见卡尔洛·古达肖内的第七课）。在这一阶段，项目经理与广告组和设计组一起为科学节设计平面形象。

宣传材料

编写各种宣传材料也很重要。

· 通过网络发布消息能够提高广大观众的兴趣，而且必须有很强的吸引力，才能说服人们前往参加科学节。

·用于媒体宣传的材料必须包括科学节的主要特色、新闻和最有趣的方面，以便说服记者更加重视科学节活动，而不是其他活动。以我们此次科学节为例，其中一个有说服力的原因是，这是中国的恐龙展首次在意大利展出。其次，一些展品是有羽毛的恐龙化石（意味着它们像鸟一样拥有翅膀），这种化石的发现曾给古生物学研究带来了一场革命。最后，科学节邀请了著名科学家担任演讲嘉宾。

·然而，面向学校分发的材料必须对整个科学节进行概述，重点放在教师认为学生感兴趣的事项上，以便说服他们带学生来参加科学节。

·还必须为博物馆内的讲解员编写辅助材料。这些材料必须包含展览的内容，并对展出的每一个要素进行详细的描述。

技术问题

随着项目工作的推进，无疑会出现一些技术问题。重要的是立即处理这些问题，避免由此产生更多的问题。必须找到一家运输公司来运输展品。货比三家，选择最低的报价，以节省费用。别忘了起草一份正式协议。在整个展览过程中，包括运输期间，都需要为贵重物品购买保险。

维护

科学节开幕的第二天也不要放松！工作必须继续进行！首先，重要的是把所有有关节日的有用信息传递给信息和运营人员以及维护人员。这些信息包括开闭馆时间、观众参观路线、每天的讲座和活动（实验室、天文秀、儿童活动、表演）的时间表与地点、每天预计的学生人数和类型、每天参与各项活动的人员名单。此外，还要确保从开幕到闭幕，全天都有专人负责后勤和电脑服务。

"遥远的未来"科学节的人数越来越多！

当"遥远的未来"科学节开幕时，我们的观众量通常会急剧增加，需要增派售票处工作人员、安保人员和讲解员。其他与博物馆相关的服务，如商店和咖啡馆，也必须准备好应对更多的人群。

最后，别忘了感谢合作伙伴参加科学节活动！可以在宣传册中插入一句感谢的话，或在科学节结束时寄卡片感谢项目的参与人员。

（翻译：刘怡）

第七课： 宣传与媒体策划

卡尔洛·古达肖内（Carlo Guardascione）*

引言

宣传在一项成功的活动中发挥战略性作用。宣传不仅仅是把与科学活动有关的信息传递出去，还需要能够树立一种形象和象征，激发强烈的情感和热烈的反馈。

开展活动时，宣传起到的是战略性作用，而不是简单的组织作用。

不为活动做宣传就等同于根本没有办过这个活动！必须从项目开始之初就制订宣传方案，需要考虑以下几个阶段的工作。

选择活动主题

活动主题影响宣传工作的方方面面：概念、方法、创意和媒体策划。

---

* 卡尔洛·古达肖内，那不勒斯科学城企业形象与宣传部，邮箱：guardascione@ cittadellascienza. it。

活动日期和时长

活动的日期和持续时间乍看起来似乎无关紧要。其实，它对活动的成功至关重要。重要的是选择的这一天或者这几天能够恰逢宗教假期或国家法定节假日，从而确保吸引更多的潜在观众。

应该与市场营销部门和科学委员会共同制订宣传方案，而此时科学委员会应该已经完成大部分活动内容的确定和开发工作。这项工作应该在确定展览主题和大纲后、活动开幕前三个月启动。

在确定宣传方案的策略之前，需要确定预算：能在宣传上花多少钱？

目标观众

尽管活动的教育意义每年都一样，但目标观众可能不同。因此，一般会优先考虑学校团体。确定"目标观众"是选择媒体策略以及确定和制造所要传播信息的基础。教育领域仍然是我们的主要目标对象。但这些年也会面向其他目标观众，活动或展览要素能够满足其好奇心，或者能够允许人们在一种"智识"氛围中度过闲暇时光。确定目标观众与活动的日期和持续时间息息相关。先把活动的日期和时长确定下来，在此基础上再确定目标观众。日期和持续时间在很大程度上影响着次要目标观众，有时候也会影响主要目标观众。

宣传信息

只发出一种信息是远远不够的。宣传信息本身必须根据已确定的不同目标人群来设计，也就是说要更多地强调活动的教育特点，而不是娱乐功能。

媒体策划

一旦确定了信息和目标观众，就要根据宣传预算来选择媒体。

多年经验证实，使用广告牌、动态广告、广播和报纸杂志等媒体比其他种类的媒体更容易达到宣传目的。有时，活动的地域性可能将宣传活动局限在本省，有时甚至是本地区。

如果选择的媒体影响了宣传的信息，信息也可以反过来影响我们选择的媒体。因此，确定宣传的信息和选择媒体的种类必须同步进行。

宣传工具

传统广告：

· 广告牌；

· 海报；

· 传单；

· 手册；

· 电台广告；

· 电视广告片；

· 电影广告片。

广告牌、海报、传单和手册应该在人员密集的地区发放；广播和电视广告应该选取热门节目；电影广告应该选取大卖电影。

非传统广告：

· 新闻办公室；

- 直接反应式广告；
- 展销会；
- 公共关系；
- 举办开幕式；
- 记者招待会；
- 网络广告；
- 动态广告。

动态宣传技巧将在下文中详述。但应该注意的是，如今新闻办公室在决定一项活动的成功方面发挥着关键作用。

技巧

前面说过，活动成功举办，新闻办公室发挥的作用很大。原因有二：

一是有些有文化的观众每天至少读一份报纸，且除了新闻广播外，还收看文化类的电视节目。这部分人是活动的潜在观众。二是经济原因，新闻办公室的工作花钱少，覆盖面广。

应该在开幕前三个月着手筹备，并且利用国家级媒体进行报道，还要逐一联系编辑，以便开展服务、采写宣传稿、全面铺开报道。

新闻办公室的工作涉及全国性或地方的报纸，以及全国性或地方的公共或私人电视台。同时，也要利用互联网进行宣传。

新闻稿

5W 原则：谁（Who），什么时间（When），在哪儿（Where），做了什么（What），为什么要做（Why）。

开头几句很关键。要突出新闻，言简意赅，如果可能的话，连形容词都可以省略掉；只体现信息，不做任何的解释、表态，不对是非曲直加以评判；简明扼要，直击要点，开篇就能抓住人心。整篇文章用 15～20 行文字说清楚活动情况即可。

一篇新闻稿的典型句法是：主语、谓语、宾语，时间地点状语和其他补语。新闻发布官的黄金法则是著名的 ABC 原则。

·准确性（Accuracy）：确保写作内容的正确性，从官方渠道核实信息，以免出错。

·简洁性、清晰性（Brevity and Clarity）：使用与读者相同的，也就是记者的语言。记者会把信息转化成其读者的语言。帮记者就是帮你自己。

记者习惯采取快速阅读的技巧，像大脑扫描仪那样阅读。我们要使用图文并茂的形式推出新闻：标题都要大写，摘要都用斜体，关键词还得加粗。

在报纸的各个栏目中，每篇报道都有引起读者兴趣的新闻点。有时是因为一些数字、统计数据、百分比，时尚评论会引起服装记者的关注，某个事件可能激起时事记者的好奇心；有些报道偏重文化层面，对文化有兴趣的记者会很感兴趣。没时间为同一条新闻编写多个版本的文案？那就给媒体机会，让他们根据自身需求去深化主题。我们提供一篇文案，文字简洁，信息齐全，然后再附上按主题划分的详细说明。编辑根据读者群选择相应的材料。我们要做的只是在发出新闻稿之前发一封邮件或者打一通电话，从而使收稿件的人更乐于接收，并为之做好准备。

线上宣传

线上宣传是一种易于操作的方法。三个月内至少要发布六篇新闻稿。从头开始周密考虑，避免将全部信息一次性和盘托出，应该细水长流，确保每次宣传都发布一些新的消息。比如：

· 第一篇新闻稿通知将要举办新活动，让人产生期待；

· 第二篇新闻稿是官方日程，包含所有组织信息和参与方式；

· 第三、四篇新闻稿提及活动的赞助商和重要的推荐书；

· 第五篇新闻稿要提及活动中将设置一个崭新环节（比如圆桌会议、游戏、茶点、采访等）。

直接反应式广告

直接反应式广告是另一个宣传技巧。一旦确定了目标观众，就可以用直接联系的方式，便捷、快速地联系他们，包括每月发送电子新闻、发送纸质的活动目录；最后，高密度的电话营销可以促使目标观众预约参加活动。

参加展销会

还可以在同领域的展销会上做宣传。参加主题相似、目标群体相近的活动，可以更好地做宣传，而且这种方式花费少、效率高。

公共关系

早在构思每期活动的早期阶段，与活动主题有关联的各利益相关方形成的深度合作关系就已经开始了。无论是私企、国企，还是跨国企业，都是理想的合作伙伴：这些企业往往提前收到通知，受邀参与活动，成为赞助商。需要指出的是，赞助不一定是以经济的形式提供，而更多的是产品或服务。

另外，需要与学校建立或维系进一步的关系。学校是此类活动的目标群体。让校方不断了解工作的进展情况，培养其"社区归属感"，并经常接受校方的意见建议。

注意：活动组织方应该建立所有教师的联系方式资料库（电子邮件、地址等）。

举办开幕式

活动开幕式需要特别精心组织。开幕式成功了，这个活动就成功了一大半。通过私人联系或者发送邀请函，邀请科研院所专家学者、科学界演讲嘉宾、政界高层、以民间团体为主的观众莅临现场，并且邀请学校和宗教代表共同参加开幕式。

（翻译：冯晓菁）

第八课： 培训讲解员

菲奥莱拉·尤利亚诺（Fiorella Iuliano）*

引言

通常情况下，科学知识是晦涩难懂的。同样，科研人员也不一定能让科学知识变得通俗易懂。因此，就需要记者、教师、讲解员这样的媒介，把科学从研究领域传播到社会中，用正确、简单的方式传递科学信息。讲解员就扮演着科学与社会之间的媒介角色。

讲解员服务于科学博物馆、科学中心、科学节，以及科研院所的自主、外延科学活动项目中：

· 在展览参观中提供讲解；

· 引导观众操作互动展品；

· 活跃在工作坊、实验室、实验台、科学表演、袖珍科学、科普剧等活动中。

讲解员的工作不仅仅是传播科学知识、讲解展览，讲解员还能够激发观众对科学的观察和好奇心。同时，他们帮助观众

---

* 菲奥莱拉·尤利亚诺，那不勒斯科学城展览与项目部，邮箱：iuliano@cittadellascienza. it。

从正确的角度体验科学，描述科学现象，唤醒观众的情感，使其更好地理解，并留下持久的记忆。比起自己观看展品说明牌，观众对讲解员所说、所做、所问的印象更深刻、更持久。

那不勒斯科学城的讲解员

在那不勒斯科学城，有一组讲解员做接待协调工作，他们中有的是由正式员工担任的讲解员，有的是临时讲解员。这些讲解员通过迎送观众、为"周日观众"做科学表演、开展活动、管理展区等方式满足科学中心的日常需求。科学中心正式讲解员负责对大约 40 名临时讲解员进行培训、评估和考查。这些临时讲解员由外部机构管理，负责回应场馆的各种需求，尤其是与学校团体相关的工作。学校团体参观情况会随着季节更替而变化。每年 3 月、4 月和 5 月，每个入场时间段都要迎来大约 40 个学校团体陆续进馆。科学城每天分 5 个入场时间，分别是 9：15、10：30、12：00、14：00 和 15：30。所有参观团体（学校或非学校）都可以预约 1 个或多个时间段的参观讲解或实验室。每天最多可以接待 2000 名学生。

大多数临时讲解员是大学生。实际上，我们的讲解员队伍流动性很强，只有一小部分临时讲解员在此工作多年。

希望科学中心的讲解员做什么？

那不勒斯科学城对讲解员的要求很高，通常希望他们在同一天内承担多个岗位的工作，比如：

·迎宾员——带着微笑迎接观众，并告知场馆展览情况；

·科学讲解员——讲解展品背后的科学原理；

· 创意达人——开发新的科学表演和活动等；

· 管理人员——检查展厅、实验室和教具；

· 维保人员——维修损坏的展品，并与相关部门沟通维护事宜；

· 技术人员——启动电脑、软件和展品；

· 培训导师——培训其他讲解员；

· 安保人员——保护展区，避免遭受故意破坏和入侵行为，并保护儿童；

· 撰稿人——宣传推广场馆各类活动；

· 接收观众反馈者——评估展品和活动。

对讲解员的要求根据科学中心的工作需要而定：

· 丰富的科学知识；

· 沟通能力——善于使用语言、肢体动作和面部表情吸引观众注意力；

· 分析能力——捕捉观众个性特征、回应个体需求；

· 灵活变通——因地、因材（目标观众、观众文化水平、实施活动的场地和目的等）调整活动；

· 教学能力——让复杂的概念变得更容易理解；

· 管理能力——筹备、实施活动；

· 富有创意——开发新活动；

· 解决问题——处理问题和突发事件。

每一位讲解员都独一无二

一些讲解员可能具备相同的学科专业知识，但是，在接待观众、享受工作乐趣或主动提供讲解方面，他们的风格各有不同。此外，他们进行科学传播的能力也不尽相同。培训和管理讲解员时，必须考虑到这一点：没有人能够面面俱到、样样精通。

到底是拥有一支由各自在特定领域有专长的讲解员组成的队伍好，还是拥有一支由具备多种技能的讲解员组成的灵活队伍好？通常情况下，我们会挑选在多个领域拥有丰富经验的讲解员，组成灵活队伍，从而最大限度地发挥整个团队的作用（比如，所有人都会放映天象仪，但只有两名讲解员能现场表演；所有的人都能带团讲解，但有的讲解员更擅长与儿童打交道，有的讲解员更擅长帮助残障人士，有的讲解员更擅长做讲座等）。

科学城的讲解员培训

培训讲解员需要：

· 邀请资深讲解员作为导师；

· 内部培训课程；

· 外部培训课程。

在欧洲，大部分场馆采用邀请资深讲解员作为导师的方式开展培训。但是那不勒斯科学城综合使用上述三种方式，我们请教育部门的员工培训讲解员。在参观低峰期，我们接收申请者的简历，并根据申请者的能力进行初筛。有接待活动协调经验的年轻学生优先。培训之初，采取短期"师傅带徒弟"的方式，时间不会太长。受训人员必须从一开始就学会面对观众，以避免产生各种不切实际的期望。"师傅带徒弟"期间，受训人员要投入到真正的工作中，而资深讲解员从侧面引导学员。这样，受训人员可以学到岗位角色所需的第一手技能。培训也有书面资料支持，包含以下课程：

・正式及非正式学习；

・传播学；

・传播工具；

・场馆基本情况（事实、数据）、使命、各项活动和流程。

所有受训人员都必须接受这部分培训，之后他们才能根据自己的喜好自由选择。有些人更喜欢与儿童或成人打交道，而有些人则倾向于选择与自己所学专业对口的工作。

接下来，受训人员根据自己选定的工作岗位要求参加不同的培训课程：

・科学中心——展览；

・儿童工作坊；

・讲授活动。

培训课程的最后一项是结业考试。每位讲解员都要给一组观众讲解展品，然后从主题是否准确、沟通工具的使用和团队管理等方面接受测评。

但每逢新展览开幕，讲解员必须参加新的培训课程。这些课程只针对新展览所涉及的内容，因为参加培训的人员应该已经掌握相应的沟通技巧了。

有些讲解员因为以前的工作经验，或者接受过内部培训，对许多展品都很了解，但这还远远不够。讲解员引导观众互动、了解展品多维度信息的能力同样重要。讲解员要学会判断观众在操作展品的过程中，什么时候需要特别帮助，什么时候更愿意自己探索。

结论

对讲解员的要求是什么？

讲解员需要什么？

上述问题的答案可以用来制订培训计划：

·内容：场馆基本情况（事实、数据）、使命、各项活动和流程；

·行为准则：例如和观众打交道时得体的着装和行为规范；

·有关展览和活动的科学知识；

·工具：用于向公众传播科学知识。

（翻译：冯晓菁）

第九课： 观众需求

弗朗西斯科·德玛蒂（Francesco DeMatteis）*

引言

　　观众，首先是人。这毋庸置疑，但面对不同类型的观众时，我们一定要记住这个看似无关紧要的事实。观众需求往往与人的权利融为一体。在处理科学中心员工和观众的关系时，必须要考虑这一点。人，生而不同，各有特色。我们不应该忽视，而应该识别并且满足个人的个性化需求。我们应该记住，每一位观众都有权利满足其需求，而科学中心的员工也应该有能力识别每一位观众最重要的需求。

观众和多样性

　　把观众具象化，有助于我们确定接近观众的方法。科学中心的观众形形色色，年龄不同、受教育水平不同、地域不同，以及文化背景不同。观众参观科学中心的方式也不尽相同：团

---

　　* 弗朗西斯科·德玛蒂，那不勒斯科学城展览与项目部，邮箱：dematteis @ cittadellascienza. it。

体参观、个人参观、家庭参观。团体还分为学校团体和其他类型的团体。每个家庭的构成也不一样。观众的不同特点结合起来，就构成了一幅多样而复杂的图像，展现出参观科学中心的观众其需求和愿望的差异性和明确性。

可以从下列三个角度了解观众的需求。

个人视角：观众来参观时自身已具备的个性化的心理状态，包括观众过去拥有的知识体系、获得的经验、对事物持有的态度、动机及兴趣爱好等。

环境视角：观众在场馆会看到什么？看到哪些展品？看到什么样的建筑？场馆的氛围如何？

社交视角：观众与同伴之间、观众与观众之间、观众与场馆员工之间的社交互动。

观众需求和动机

为了理解观众的需求，我们应该自问："这个人为什么要参观科学中心？"

场馆参观很少有实际或直接的成果。那么，促使人们参观科学中心的根本原因是什么？

从更客观的角度，可以根据参观动机将观众分为三大类：

· 为了获取知识而参观；

· 为了情感原因而参观；

· 为了社交需求而参观。

动因不同，需求则不同。我们也要综合考虑不同的动因之间的联系。我们用术语"娱乐教育"来指代"教育"＋"娱乐"的结合，说明有必要同时满足观众的认知需求和娱乐需求。因此，一座成功的科学中心需要兼顾以下体验：

·学习；

·审美和情感愉悦；

·娱乐和社交。

英国最近的研究表明，社交需求是决定一个人参观博物馆的首要原因。这一重要结论对意大利也适用。

接待观众，提供信息

科学中心迎接观众的方式尤为重要。如果某位观众一进馆就觉得不愉快，很可能也不会享受和欣赏接下来的参观了。抵达科学中心之后，以及在接下来的参观过程中，观众都需要获得必要的信息，以便顺利、愉快地参观展览。毕竟，谁也不愿意迷路。所以让观众认识并熟悉周围的环境也很重要。这需要足够的时间和正确的信息。但需要注意的是，千万不要让观众一进馆就接收过多的信息，这样做也会让其感到迷茫。理论上，观众有权利了解科学中心的机构信息。但实际上，很少有观众会关心场馆的运营状况、人力情况等信息，这些信息应该向观众公开。

还有一点很重要，就是观众应该了解这座科学中心的"使命"，这样才能在参观过程中更有参与感。比如，当我们接待观众时，必须让他们明白，这里的员工愿意与他们一起探讨科学，而绝非仅仅提供服务而已。同样地，观众也应该深信，科学中心不是一个高高在上的地方，观众在参观过程中有任何需要，都能及时得到帮助。科学中心要把这些信息传递给观众，这样有助于与观众建立良性关系。

正如前文所述，观众也会提出这样那样的特殊需求，工作人员必须倾听并予以理解。有些观众只需要了解开馆时间、门票价格、设备设施、热点展品、导航辅助等一般信息。

然而，有些观众需要获取场馆活动项目等更详细的信息（也就是教育信息），以便他们规划今后参观和参加特别活动等。还有一些人则需要展览、馆藏和其他资讯链接等专业信息。一般信息和教育信息能够随问随答，但是展厅工作人员很难提供专业信息。因此，必要的时候，可以联系科学中心的相关专业人员。

如何提供信息？

可以采用张贴说明、分发手册、指示标识等方式提供基本信息。但在场馆入口处也要安排一位或多位工作人员值守，接待和回应观众的需求。还需设立咨询台，比如在大门口设立咨询服务台，方便观众拿取手册和活动日程表等资料、咨询工作人员等。当学校团体来参观时，这种安排就更有必要了。大多数情况下，学校团体并不清楚在科学中心里要做什么或者能做什么。尤其重要的是，工作人员需要从每个参观团体中找到一位了解团体需求的"负责人"并与之接洽。

参观展厅

观众参观展厅时也会产生各种需求。在意大利的文化中，人们并不习惯与展品互动，尤其是有身体接触的互动。大家习惯于按照预先设定好的路线参观。所有观众，无论是想获得一般信息、教育信息还是专业信息，基本上都是被动地、一成不变地参观。世界上所有科学中心的使命和本质都是努力激发观众对科学探索的欲望，以及让观众找到最适合自己的参观路线。但典型的意大利风格就与这种理念背道而驰了。个人和团体观众都存在这个问题。个人与展品互动时非常害羞，而学校的带队老师也要求场馆安排讲解员带领学生们参观。

如何满足观众需求？

那不勒斯科学城允许提前预约活动。比如，学校通过活动手册、互联网、电话或参观获得不同活动的信息，老师可以直接致电客服中心预约某场活动。个人和家庭观众一般是按照说明牌并在工作人员的帮助下参与展品活动。周末时，个人和家庭观众较多，有必要让他们参加工作人员准备和策划的特别活动（比如定点表演、科学表演、科学活动等）。

总而言之，文化传播者的作用非常重要。科学城有一大批科学讲解员引导学校团体参观；展厅里还有许多专业讲解员，他们擅长科学传播，随时帮助观众一起探索科学。在服务观众参观过程中，讲解员应始终牢记，科学中心的使命和本质是让观众在完全自主的情况下进行探索。因此，必须强调讲解员的作用。讲解员并不是教师，而是观众在探索科学过程中的"助手"和"陪伴者"。比如，讲解员不应该强迫观众按照预定的路线参观，也不该忘记场馆最终提供的信息取决于每位观众非常独特的个性化的内在体验。

情感和思想得到重视，既是观众的需求，也是观众的权利。为了满足这种需求，讲解员必须鼓励观众更加积极、创造性地与展品互动。因此，讲解员应该努力强调观众的情感和体验。如果观众的参观体验与他们的日常生活经验相呼应，同时展览提供的新知识能够验证并丰富其对世界的看法，观众的需求也得到最大限度的满足。借助日常生活中的现象，比抽象而笼统的说教更有说服力。

讲解员还应该注意，不要让受教育程度低的观众感到被歧视，或者丧失畅所欲言的信心。讲解员应该表现出积极的态度，鼓励观众之间、观众和工作人员之间沟通交流。讲解员还要注意启发观众的情感，鼓励他们勤于思考并提出意见建议。科学中心的工作人员要随时倾听观众的意见，如果服务不周要及时道歉，并尽可能解释原因。讲解员要对观众提出的建议表现出兴趣，即便有些观点听上去比较肤浅，也不能轻视。向观众发放意见卡是个好方法，让他们感到自己的意见得到重视，从而为科学中心的发展发挥更加积极的作用。展品本身也会有带来另一个重要问题，许多观众面对互动展品感到不知所措。可以在展品前放置说明牌来减少这种感觉，让观众先了解如何操作展品，以及展品所带来的体验。

科学中心：舒适之处

一个舒适的空间能帮助观众放松身心，学到更多的知识。如前所述，观众必须感到在某些重要的方面得到了尊重。

·文化方面：充分尊重观众的受教育程度。

·知识方面：使用言简意赅、深入浅出的说明牌，让观众自主选择参观路线。

·人文方面：工作人员以亲切友好的精神风貌，随时准备倾听和帮助观众，满足他们的一般需求或特殊需要。

·心理方面：尊重观众，让观众在展品前花时间、集中精力、驻足思考。

·伦理方面：特别注意尊重不同文化、宗教、性别、政治信仰或其他敏感问题。

·环境方面：一个舒适的地方应该满足以下基础要求。

　·展区、展品和科学表演的器具保持清洁卫生；

　·光照适宜；

　·温度适宜且空气清新；

　·音响效果适中，保证观众的交谈沟通、凝神思考、
　　互不打扰；

　·确保残障人士参观便利。

提供餐饮、卫生间等基础设施也是保证舒适度的必要举措。展品也应摆放在方便参观的位置。展品应保障正常运转。如果某件展品暂时出现故障，则要附以清晰可见的公告以告知观众。

不断变化的需求和观众调查

随着社会快速发展，科学中心迎来了各种类型的观众，提出各种各样的需求。由于老龄化的加速，老年人成为欧洲国家的重要群体。同时，家庭也是当前颇具挑战性的目标群体，越来越多的单亲家庭和重组家庭产生了形形色色的需求。必须在更广泛的社会背景下考虑观众参观场馆背后的原因。要运用动态分析手段来思考和研究观众的需求，这是评估场馆观众实际变化的基础。可以通过两种方式实现这个目的，一种是分析场馆常客，另一种是分析不常参观但可能有兴趣参观场馆的潜在观众。

（翻译：冯晓菁）

第十课： 同观众交流的技巧

戴维德·佩特龙（Davide Petrone）*

引言

多年来，世界各地的博物馆都有讲解员的身影，他们的角色既像科学家又像演员。当讲解员本身就是一位科学家时，不能仅仅因为他的工作面向低年级学生就低估了他作为教育者的职责。重要的是，讲解员在讲解和教育活动中都要表现出他们的专业精神。关于讲解员角色的问题和方法简述如下。

迎接家庭和学校团体，并进行介绍

第一印象尤为重要，人们通常可以在几秒钟内决定是否喜欢一个人或一个地方。讲解员应始终牢记自己的角色，即使在休息时间也要保持沉着冷静，因为观众随时都能看到他们。在博物馆内吸烟、打盹，被观众撞见，都是不得体的行为。若有必要可穿上制服或佩戴其他醒目标志，以便于观众识别。例

* 戴维德·佩特龙，那不勒斯科学城展览与项目部，邮箱：davidepetrone@yahoo. it。

如，曾经在很长一段时间内，科学城的工作人员仅佩戴一枚小徽章表明自己的身份，导致观众误把合作单位的员工当成博物馆工作人员而向其询问，皆因他们穿着易于辨认的、统一的T 恤制服。

当人们来到一个新环境时，如果得到诚挚的欢迎和微笑迎接，就会感到更加愉悦和舒适。欢迎不仅仅是一句简单的"早上好"或"晚上好"，几句关于博物馆的简要介绍以及参观信息也是十分必要的，这能够帮助观众更好地开启他们的参观之旅。

团体观众进入博物馆后，讲解员的第一个任务就是要找一个舒适的场地进行自我介绍，这一点在博物馆人满为患时尤为重要。为了让每位观众都能够看清、听清，讲解员应该把整个团队排成半圆形，并邀请个子较矮的观众坐在前面，这样他们的视线就不会被高个子的观众挡住。讲解员应重点关注那些过于活泼的孩子，让有点扰人的孩子留在自己的身边。另外，在接待学校团体时，建议充分考虑教师的需求，给予他们最大的尊重和诚意。

如果讲解员对博物馆足够熟悉，那最好在行走时保持面向观众、倒着走。这样就能始终与观众保持眼神交流。另外，这样做也能增加孩子们对讲解员的好感，同时让孩子们更加专注。孩子们往往会问："你是怎么做到的？""你的后脑勺上有眼睛吗？"

除了介绍自己和博物馆外，还需要向观众解释此次参观将涉及什么，并说明这些活动既不是测试，也不是一般的课堂学习。需要明确指出的是，科学城和许多其他科学中心一样，有别于普通博物馆的"禁止触摸"，而是一个鼓励触摸、交流和参与的开放式学习环境。观众应该扮演科学家助手的角色，充当讲解员的"小白鼠"，尝试让所有学生参与到各种活动中去。如果时间允许，讲解员应当给每位学生分配任务（其间要特别注意两类学生：极度害羞的、极度活跃的）。

这一环节是正式活动的一个开场，做好这一步至关重要。如果介绍不到位，或者观众没有听清或看清讲解员，或者讲解员无意中将观众排除在活动之外，那么在接下来的环节，讲解员将为此付出代价。这些情况介绍和组织管理环节既适用于家庭团体和学校团体，同时也适用于导览参观、各种类型的教育活动和热门活动。

科学传播方法

声音

声音是重要的工具。开展教育活动时，常常没有麦克风可以用，讲解员要保证在不大声喊的情况下让观众听清楚。大声喊会使他喘不过气，也让观众聆听、学习的体验不太愉悦。稍微做一些简单的练习，例如利用戏剧表演中的一些技巧，将提高讲解时积极有效的沟通能力。学着像真正的演员那样使用音调、停顿、手势和表情，使"讲解"变为面向广大观众的真正表演。当活动结束时，观众为讲解员鼓掌，并表示："我们还以为要上一节课呢，没想到协助完成了一场表演"，真是太令人欣慰了。

很自然地，随着时间的推移，对于某些展品、科学原理或复杂概念的讲解开始变得像有一个无形的脚本那样，不断重复同样的句子、讲同样的笑话、问同样的问题。然而，素材必须常常更新，这样才不会让人听起来像是在背诵一首诗。

讲解员必须学会每次重复有意义的句子，使用恰当的、幽默的语气和停顿，就像每次都是首次登台一样。对讲解员来说，应养成一个良好的习惯，那就是观察其他人是怎么讲解，怎么主持教育活动、会议、演出、电视节目的，并将观察到的方法、表情、笑话和动作纳入自己的"表演"中。

肢体

其他重要的沟通技巧包括手势和姿态。没有什么比说话时背对观众、筋疲力尽地坐在椅子上讲话，或疯狂做手势，更令人不快了。学会控制动作也很重要。如果讲解员不受控制地来回踱步、身体摇摆，神经质地操作展品，观众也会感到紧张，讲解员会给人一种不太自信、不太可靠的感觉。讲解员的衣着一定要得体，可以通过佩戴一些与众不同的东西来改进，如帽子、别针，或在脖子上挂一个放大镜，或在腰上挂一个地质锤等。

最后，眼神交流同样重要。讲解员必须始终直视观众的眼睛。如果他没有保持适当的眼神交流，而是一边说话一边抬头看向空中或盯着地板，就难以抓住观众的注意力。如果观众感到被注视，并与讲解员保持目光接触，他们就更有可能集中注意力。最好避免将注意力集中在一个人或一群观众身上，以免其他人感到被忽视。唯一能让观众专心的方法就是让所有人都在你的视线之内。

注意事项

最聪明的孩子往往有很好的直觉，可以在不使用专业术语的情况下，给出正确答案。讲解员应该使用儿童能够理解的简单术语，这将有助于理解复杂的概念。简化概念是可以接受的，但是决不能做出错误或不准确的表述。即便是孩子，也可能揭穿错误或不准确的陈述。如果发生这种情况，那么讲解员接下来所说的一切都将变得不可信。比起做出错误陈述，最好通过解释"科学家并不是什么都知道"来承认自己缺乏某一特定主题的知识。准确地回应尽可能多的问题和好奇心，这会是有益且令人满意的。

讲解员最好只演示那些能够确保成功的实验。尝试其他实验虽然可行，但不要过于频繁，尤其是已经失败过的实验不宜反复尝试。千万不要以这样的方式介绍一个实验："现在我向大家展示这个物体是如何漂浮起来的，尽管我从没成功尝试过……你瞧，这回它也沉下去了。"此外，在向另一个区域移动时，应当用一句简单的话或一个笑话对观众解释接下来要做的事情。

有些理论会以讲故事的方法呈现。讲解员应当意识到，虽然作为一名"演员"，有一个基础脚本是不可改变的，但不能总是期待公众对故事做出相同的反应。因此，为了保持剧本的趣味性，讲解员必须从观众的反应和建议中汲取灵感，不断改进剧本，加入相关的俏皮话。讲解员千万不要嫉妒其他同事发明的笑话和俏皮话，也不要过分执着于他们所创作的"非文字剧本"。讲解员应当始终乐意和他人互相"借鉴"来改进剧本。一个人可能创作了精彩的作品，但当别人用不同的语调重复时，也许作品会有更好的呈现。为什么不尝试换一个语调来提升剧本的效果呢？简而言之，剧本是常换常新的。

教师

讲解员的角色与教师的角色有很大不同。在很短的时间内，讲解员需要讲述一些话题，唤起儿童和成人的新想法，便于他们在参观中和参观后进行思考。教师应当提前为学生的参观活动做准备，至少应与学生讨论课程主题。另外，回到自己的课堂后，教师可以对这个话题进行修正。

讲解员和教师之间的互动十分关键。许多教师错误地认为在参观活动前无须做准备，我们必须设法纠正这种行为，虽然这很困难。下面是教师进行自我介绍时常见的几种说法：

好吧，我们到了。这些是学生们。我们要去喝点咖啡。祝你好运。你想让我们从咖啡店给你带点什么吗？不用？好的，我们会在一小时内回来。

好吧，孩子们，这是老师。请大家不要聊天，不要乱动，不要谈论和参观无关的事情，请记住参观结束后，我会问你们有关参观的问题。

不要开小差，这样会给我留下糟糕的印象。

为了在讲解员面前显得自己有能力，教师常常会说这些话。讲解员可以向师生解释，提问是为了让学生更快地参与进来，并引导其找到答案。有时，教师会感到被忽视，因此，讲解员应当为他们提供一个角色。例如，可以请教师协助管理参观团队，或者请他们参与展品的讲解。如果教师和学生一起参与实验和游戏，对师生来说都会很有趣。这会让教师显得更加人性化和具有亲和力。对学生来说，教师常常扮演着很重要的角色，所以讲解员应当避免与教师发生冲突，一定不要冒犯或排斥他们。

在课堂上，学生们往往通过记忆定义、理论等来学习知识，而实际上并没有真正理解。一个好的做法是让学生们一起背诵一个基本事实，随后讲解员可以重新表述，借助其他工具，让学生们更容易理解。在培训教师时，可以采用同样的方法。很多时候，培训者并不会将他们讲解的理论付诸实践。另外，人们听课时一般都会做笔记。如果讲解员发现做笔记影响学生参与活动，或者拖慢了讲解的进度，应当建议（如果教师同意的话）学生只听讲、不做笔记。

参观团体的组织和管理

家庭和学校团体都由年龄和性格各不相同的观众组成。另外，有些活动针对大型团队效果较好（如科学表演或讲座），而有些活动适合 30 人以内的小型团队（如参观导览和教育活动）。各类活动都有相应的最佳观众人数，没有一个通用的标准。

前文已经探讨过采取合适的语音语调和站位使每位观众都能听清楚的重要性。为了确保这一点，讲解员应当寻求反馈。应当在询问观众"你们能听到我说话吗"的时候更加留心。最常见的回答是"能!!!"，但它往往来自离讲解员最近的观众，而那些离得远的观众可能根本没有听到这个问题。最好的做法是，告诉大家如能清楚地听到你的声音，就请举手。如果讲解员看到并非所有的人都举手，那么就需要提高音量。

如前所述，始终保持眼神交流，以及找好站位，让所有人都能看见你，这一点很重要。例如，为了保持高度的注意力，讲解员可以指定某些学生担任"监督员"，确保不会有人提前按下展品按钮，也要确保其他同学不会落在后面。也可以指定某些学生做助手，让他们帮忙拿一些工具。讲解员应当鼓励学生们回答问题和参与实验。

在参观导览，尤其是针对低龄儿童的参观导览中，以特定方式从一个展品走到另一个展品，这种方法非常有用。例如，像科学家一样若有所思地闲庭信步，或者模仿动物走路。这样有助于在从一个展品到另一个展品的过程中保持学生的注意力。如果总有一个学生抢答或者问一大堆问题，占用了其他学生的时间和注意力，就需要温和地限制这个学生，同时注意不要冒犯或伤害他的感情。学生们往往很聪明，当有人告诉他们"我们尽量让其他孩子也说说"或"我知道你明白了，但是我也想听听其他孩子的想法"时，他们很容易理解。如果在移动过程中有人提出问题，而这时观众们的位置不太能够听到讲解员的声音，最好推迟到所有观众都能参与时再给出答案。例如，一旦观众们停下来，讲解员应当请提问者重复一下问题，或者面对观众复述刚才的问题，然后说出答案，以便所有人都能听到。

大型活动的介绍环节至关重要。讲解员应当先向观众打个招呼，观众也会以问好来回应。如果观众的反应不热烈，讲解员应让观众再次回应，直到得到热烈的回应。这种方法有助于向观众表明讲解已经开始，也有助于后续讲解中激发观众参与讨论。另外，从团队中挑选"助手"也是一种不错的做法。如果观众看到自己的孩子、侄子或朋友"上台"，他们会更加专注。

参观结束环节

讲解员往往会忘记或忽略参观结束环节的重要性。如果观众没有得到明确的指示，向他们说明参观已经结束，他们就会一直想要看更多东西或者认为他们应该看到更多的东西。同时，有些观众想等到参观结束后才提出问题，所以在参观结束后，讲解员立刻消失，没有留出观众提问的时间，是不礼貌的。

在一场组织得当的参观中，讲解员应提前告知观众参观快要结束了。

例如，"这是我们今天观看的最后一个实验"。这样就会给观众留下这样的印象：他们完成了一次组织有序且有始有终的活动。也可以这样做：把大家集中起来，重新建立秩序，宣告这次参观或活动结束，真挚地与观众告别。这有点类似演员的鞠躬谢幕，讲解结束时观众也会乐于鼓掌。例如，"今天我最后要说的是再见，或者，有幸下次再见。如果你有任何问题或感兴趣的事情，我还会在这里多待一会儿"。

另一个好的做法是向观众提出建议，告诉他们活动结束后如何继续参观。如果同一天有好几个团体都选择了同样的活动，每一组观众应当得到同等对待。

在等待期间和关键时刻如何表现

在大型博物馆中，观众人数较多的时期，展厅可能会很拥挤，讲解员有时需要在入口附近等待他的团队。这种情况下，同事之间相互协助是很有帮助的。例如，其他同事可以协助引导，为其他的参观团队留出一片区域。

把垃圾或烟头扔在地上等无礼行为是绝对不允许的，特别是接待儿童团体时；同时，讲解员最好不要在孩子面前吸烟，也不要骂人、说脏话。在参观过程中，与大家交流时，可以使用特定口音、方言、年轻人的俚语，这种方式有趣且实用。此外，讲解过程中如果遇到困难，应牢记领队或学校老师是信任讲解员和博物馆的。如果讲解员遇到观众责难，无论原因是什么、无论谁对谁错，讲解员都必须试着让大家冷静下来。这包括提供一些补偿，如延长参观时间、给予额外的关注、特殊的参观路线。不过，讲解员必须非常小心，避免做出虚假的承诺。

关于讲解主题的经验和知识

通常来说，比起那些只是为了某次讲解而学习过某一主题的人，该领域的专家或者热衷于特定主题的人，能够更好地、更清晰简明地解释复杂概念。

不过，这只是一般规律，并不总是如此。这句话主要想强调的是：讲解员永远不该不懂装懂，信口开河，而应该只讨论他们掌握的概念。另外，面对自己不知道的问题时，讲解员必须诚实。即便是最棒的科学家也不是无所不知的。更为明智和具有教育意义的做法是，说一句"对不起，我不知道答案，但是我会试着找出来"，"我不知道，我会去网上搜索一下"，"我会问问这个领域的专家朋友"或者"我会再查查书本"，而不是编造一个答案或假装没听到问题。如果讲解员对这个主题没有透彻了解，而只是重复几句从同事那儿听来的三言两语或从一些非科学杂志上看到的说法，就很容易造成严重的误导。同样，观察其他同事如何与观众讨论问题，对于提升讲解技能也十分重要。最后，讲解员偶尔会犯些错误，或为说过或做过的事情感到愚蠢。重要的是要保持轻松，不要心烦意乱。

（翻译：谌璐琳）

第十一课：参与式工具——
EASW 方法

卢卡·西蒙尼（Luca Simeone）*

引言

就我们的经验而言，参与式方法在创建科学活动中非常有用。在过去几年中，伊迪斯基金会参与了意大利国内外关于这一主题的多个项目。

对于我们而言，在工作中采用参与式方法是必不可少的。参与意味着民主与自由选择。一个好的参与过程能够预测未来可能出现的问题，也能让人们更好地融入某一进程。

关于创建科学活动，我们更倾向于使用结构化方法，在这一点上我们尤其赞同欧洲意识情景研讨会（European Awareness Scenario Workshop，EASW）的主要做法。

EASW 倡议是欧洲创新理事会和中小企业管理局在"创新规划"背景下提出的一项小规模试验计划，旨在优化有利于创新的欧洲社会环境。EASW 方法实际上已经成为几十个欧洲

* 卢卡·西蒙尼，那不勒斯科学城国际项目与国际关系部，邮箱：lsimeone @ cittadellascienza. it。

城市解决本地可持续发展及城市环境问题的工具。EASW 是一个为期一到两天的会议，通常参会人数为 30~35 人，包括以下四种不同的社会类别代表：居民、政策制定者、技术专家以及私营企业代表。通常来说，研讨会的目的是：

·居民、技术专家、政策制定者以及私营企业代表相互交流知识、意见和观点；

·确定并讨论不同参会群体所提出的问题及解决方案的异同；

·确定并讨论可持续城市生活面临的主要障碍；

·在欧盟、本国、当地等各个层面为今后的行动、政策和倡议提出新的想法和指导方针；

·加强当地社区关于近期可持续城市生活和技术作用的公开辩论。

EASW 方法可以成为公众参与的一个有用工具，它使公众有机会交换意见、讨论愿景、分辨哪些因素阻碍可持续发展，提出解决土地生态问题的方案。EASW 的目的是在举办方当地推动一系列会议和辩论，努力评估在执行可持续发展计划和方案方面可能使用科学和技术的情况。总之，在与科技发展相关的决策方面，EASW 是一项促进民众参与的有益工具。它使与会者能够交流信息，讨论影响技术发展的主题和进程，以及技术对社会的影响。

欧洲意识情景研讨会

欧洲意识情景研讨会（EASW）尤其适用于鼓励社会组织积极参与可持续发展的进程。四种不同的社会类别代表（居民、技术专家、政策制定者和私营企业代表）参加为期一到两天的工作会议，集思广益，制定该地区共同的未来发展策略。

特别是在欧洲意识情景研讨会期间，与会者交流意见、制定计划，并就解决他们所居住城市的问题提出建议；因此，他们通过相互提问，讨论技术发展和社会组织体系（志愿机构、公共服务等）的作用，目的是使当地社区的生活更符合子孙后代的需要。

这一过程意味着所有参与者都可以同时成为变革的受益者和推动者，并且每个人都应被视为专家，因为：

·他们了解当地条件、变革的机遇和局限性；

·他们可以通过改变自己的行为模式来促进变革。

EASW 项目已经在欧洲数十个城市（格拉斯哥、都灵、里昂、巴塞罗那、哥本哈根、慕尼黑、毕尔巴鄂、里斯本、威尼斯等）成功地实践了这种方法。在这些城市举办的研讨会发挥了重要作用，促使人们更加重视可持续发展，以及新技术或新的社会组织体系在解决环境问题中的作用，并提出了改善当地生活质量的新想法。这也体现出，必须通过创新（无论是技术创新还是组织创新）来满足社会需求，这有助于推动地方层面的积极决策。

EASW 方法

EASW 方法源于丹麦技术委员会的经验，它先是在丹麦发展起来，然后得益于下列国际专家组的努力，推广至整个欧洲：丹麦技术委员会、荷兰技术与政策研究中心、意大利伊迪斯基金会。

尽管创建 EASW 的目的是引发人们对城市生态主题的讨

论，但后来它们在许多其他领域得到了应用，涵盖交通问题、废弃工业区的再生、新的信息技术、助老资讯、艾滋病资讯、能源利用规划、地方可持续发展计划等方面，不一而足。

研讨会主要围绕着愿景制定和创意激发两项主要活动以及四个主题领域展开。例如，在城市生态学研讨会上，建议讨论的主题是：①固体废物管理和回收利用；②水的供应和使用、废水处理；③能源供应和使用；④日常生活和住房。

在制定愿景的活动中，首先，面向全体与会者进行简短的介绍，随后根据他们所属的社会类别（公民、管理者等），分成四个工作小组。在工作小组内部，与会者需要设计未来的主题，再根据他们所选择的主题，讨论如何解决其所居住和工作的城市面临的问题。他们必须将这些情境作为参考，针对所讨论的问题提出四种可能的替代解决方案（根据技术使用和社会生活组织方面的不同组合）。为了促进愿景的产生，该方法包括一系列组织讨论和达到预期结果的技巧。每个小组制定的未来愿景必须在后续的全体会议上进行介绍，并努力确定所有与会者对未来的共同想法。每项提案都应包含拟采用的解决方案的精确细节，并在每项建议中强调技术和集体组织的作用。在本次工作会议结束时，产生的最后提案将成为下一次工作会议的基础。

在创意构思过程中，与会者需要围绕研讨会预先选定的四个主题开展工作。特别是，他们需要提供切实可行的建议，比如之前针对每个主题提出的建议该如何实现。通过对既定主题（如垃圾、能源等）等开展分组讨论，与会者需要就如何实现上一场会议中商定的未来提案提出意见。即使在这一环节，也应借助一系列技巧来引导讨论，目的是让每个小组就如何落实小组共同的建议而提出具体的想法，并指出谁应该负责执行这些建议。每个小组可以提出有限数量的创意（通常是五个）。这些创意将在随后的全体会议上供大家讨论，如有必要可投票表决。这样选出的创意也许最终会纳入由参会者共同制定的当地发展规划中。

如何在科学活动中运用 EASW?

EASW 方法鼓励民主参与，允许参与者交流信息，讨论决定技术发展的议题和进程及技术发展对自然和社会环境的影响，帮助参会者提高识别现有问题并找到实际解决方案的能力。

我们在奥韦里科学节上改进了这种方法，创建了以下分组：

· 宣传组；

· 教育组；

· 设计组。

这些小组的讨论有助于实现整个项目的构想；在第一场会议结束时，主持人分享了每个小组的共同愿景。

在第二场会议中，再次分成三组，共同探讨如何实现构想：

· 宣传组；

· 教育组；

· 展览策划和后勤保障组。

这项活动对于明确真实想法并迈出科学节的第一步十分重要。我们的经验表明，EASW 方法在这个案例研究中非常受欢迎，特别是：

· 允许专家之间交流知识、意见和想法；

·发现不同类别代表之间在所认识到的问题及潜在解决方案方面的异同，并就此进行讨论；

·形成新的创意和指导方针；

·激发当地社区的公开辩论。

（翻译：谌璐琳）

第十二课： 地方手工艺品互动展览：
意大利卡利特里之旅

皮埃特罗·塞雷塔（Pietro Cerreta）*

位于偏远小镇卡利特里的科学中心

"科学万岁"（ScienzaViva）科技文化协会是一家由教师、学生、工匠和技术人员组成的非营利性协会。他们在意大利从事的是创新性工作，主要致力于非正式学习，以及促进公众对物理及其他自然科学的理解。"科学万岁"位于坎帕尼亚区奥凡托山谷中的卡利特里小镇上，距离那不勒斯大约 150 公里。

该协会致力于在科学，尤其是物理学领域，弥合科学家、学生、公众之间的鸿沟。他们的主要工作是制作展品和通过科学实验传播科学文化。凭借几乎独立于学术界的"真正的"教育研究，"科学万岁"让人们参与进来，它是活生生的、有生命力的，是一场草根运动。"科学万岁"致力于找出正式和非正式学习态度间存在旧有矛盾的深层原因，追溯科学事实的起源。

---

* 皮埃特罗·塞雷塔，意大利卡利特里科学中心，"科学万岁"协会，邮箱：pietro. cerreta@ tin. it。

幸得卡利特里市政府的支持，"科学万岁"的总部设在一栋两层楼的建筑（这里曾是一所技术学校）内，这也是一座科学中心，场馆内有 50 件互动展品和一个用于制作展品原型、开展创意研讨的实验室。这座建筑的风格很现代化，但它坐落在风景秀丽的山脚下的古老村落中。科学中心可供学生、教师和任何对科学感到好奇的人参观。

"科学万岁"已运行 11 年，意大利政府和当地公共机构都认可其重要价值。

教师与匠人的战略联盟

我们的活动效仿旧金山探索馆的教育模式，但主要面向学校里的学生和教师，以及包括学生家长、亲友在内的普通公众。

我们的展览主题为"方形轮子"，名称来自其中最成功的展品。这件展品让所有观众都感到惊讶，因此广受喜爱。它展示了方形车轮像圆形车轮一样平稳地滚动。"方形轮子"展品在各地都很受欢迎，就像特斯比（Tespi）的巡回演出一样，在意大利各地的中小学、博物馆和大学里展出。

为了这次展览，协会得到了各类机构以及意大利教育、大学与科研部的资助，也得到了来自卡利特里的马弗西（IIS Maffucci）学校的支持。

"科学万岁"提出动手实践的方法，即鼓励观众通过动手来学习科学：触摸、操作、探索。通过这种方式，当地工匠与教师建立了富有成效的合作关系。事实上，当地的工匠是宝贵的知识来源，被视为"活宝藏"，因为他们在展品制作过程中发挥着不可替代的作用。此外，工匠给我们构建了一种教学模式，在这种模式下，科学更多的是提出问题、解决问题，而不是大学里不容置疑的知识传授。这种"文化"联盟形成了一个综合体：科学和技术、正式和非正式的知识结合在一起，产生了罕见的教学效果。

利用这样的综合体，就可以解决科学教育理论与实践之间的冲突。其他意大利教育团体无法产生类似的效果，因为他们并未共同参与展品制作过程。事实上，他们中的一些人更愿意从国际生产商那里购买展品。这类展品当然也符合要求，能满足观众体验的需求，但是它们并没有向公众传达一种观念，即每个人都可以用自己的双手来制作这些展品。还有一些人提出用"硬纸板、胶带和图钉"制作展品，这很适合学校教室和图书馆等安全场所，但它不耐用，经受不住长期、反复的操作。

简而言之，我们的工作包括一系列项目：自主制作互动展品；将来自世界各地科学中心的学习方式引入学校；将我们在物理教学中获得的实践经验进行理论方面的升华；在意大利各地进行巡回科学展示，在讲授科学规律与定律的同时，也展示"经验知识"。

毕竟，我们更愿意在社会以及智力层面独立于大学和"大科学"，更专注于大众的实践和他们在理解科学方面的困难。

该协会领导层大部分人主要从事学校教学工作，从而保证了科学课程的连贯性，而且内容不限于科学中心的经验知识讲授。此外，我们的出版物也从馆校结合的角度展示成果和经验，这在专业出版物中是很难找到的。从专业角度来看，"科学万岁"作为一个典型案例，它展现了学校教师如何创建科学中心，或是如何将学校打造成一个小型科学中心。

意大利种子在非洲开出了花朵

我们欣然接受了那不勒斯科学城的邀请，参与奥韦里新建科学中心的合作项目，邀请尼日利亚学生前来参观我们的展品。作为这一领域的开拓者，很高兴展示我们的设备和原型机实验室，并在这里接待了参加暑期互动科学课程的教师，另外还向他们推荐了我们所采用的低成本策略。

尼日利亚学生于 2008 年 9 月 9 日参观了我们的科学中心。他们首先参观了卡利特里 A. M. 马弗西高中，该校的校长和老师们热情地接待了他们。

当天上午，学生们参观了展品并对展品特点和细节展开分析；下午，他们参与了一些小型展品的制作。

其中一件展品是光学实验台。第一步，一组尼日利亚学生从零件库中挑选一个镜头，学习如何对焦，以估算设备的长度。第二步，他们依照指导观察如何设计展品的布局：在展品木制底座的什么位置放置小灯泡作为光源，在哪里放置一个半透明屏幕，以捕捉灯泡的影像。学生们用两根棍子分别移动灯泡和屏幕，体验展品中两个物理变量之间的关系。整个展品耗材的费用不到 50 欧元，但实验现象堪比一件设备精良的昂贵光学实验台。我们告诉尼日利亚学生，这些活动的灵感来自美国旧金山探索馆出版的《科学手工集》（*Snackbook*），该书强调使用简单而经济的方法制作展品，该书是用英语编写的，简单易懂、易操作。

中午，大家在当地一家餐馆共进午餐，享用美酒美食，来自世界各地的人们坐在一起相互了解，增进友谊。

我们希望尼日利亚学生能记住参观的所观所感，希望参观卡利特里的收获就像一粒种子，最终能开花结果，在奥韦里建成新的科学中心。如有需要，我们愿意为尼日利亚学生提供一切可能有用的东西，以帮助他们开展事业。我们所能提供的东西根植于文化中，在这一文化中，世世代代的人们善于利用自己的双手和智慧，我们为此感到自豪。

与我一起参加这次为期一天会议的"科学万岁"成员还有：工程师兼教师卡尼奥·莱利奥·托格利亚、协会秘书文森佐·加尔加诺、技术员维托·安东尼奥·利昂和手工艺人米歇尔·德尔·雷。

（翻译：谌璐琳）

第十三课： 科学剧

恩里科·德·卡波亚（Enrico de Capoa）*

引言

1997 年，那不勒斯科学城和"云"剧团（Le Nuvole）合作，开发了一系列关于科学语言和戏剧语言相互融合的项目。项目初期，那不勒斯科学城邀请"云"剧团进行会谈，请他们参与管理导览和教育活动。

从参观导览到科学剧

第一步，就是想象参观导览可以变成像戏剧表演那样。而作为科学传播的有效实验模型，"戏剧式参观"就是这样诞生的。"戏剧式参观"的独特之处在于，它不是由专业演员来表演，而是由生物学、数学、物理学和工程学方面的专家来表演，这些专家在科学传播戏剧学校接受过培训。表演的剧本由科学家和专业的戏剧导演共同开发，特别重视手势、语言、哑

* 恩里科·德·卡波亚，意大利那不勒斯"云"剧团，邮箱：info@enricodecapoa.com。

剧动作、叙事和动画风格，目的是吸引观众的注意力、激发他们的好奇心。

在戏剧和科学传播语言之间的主要联系中，有两点特别相关：

·戏剧——具有对话互动性的戏剧活动，旨在随着情节发展培育公众日益浓厚的兴趣；

·科学传播——好奇心能够促进观众不断反省和加强自身知识储备。

戏剧提供了艺术观点和精彩场面，吸引观众兴趣并使观众参与其中。

情感

通过科学传播，科学研究成果能够吸引公众，激发公众的情感，并向更大范围传播。演员借表演阐释科学家提出的科学概念。每个人拥有各自的生活经历、回忆、想象和情感。观众并不是在表演或参观过程中学习科学知识，也不是在动画或技术演示的时刻学习科学知识。想象和情感的作用是帮助观众记住所见所闻。

那么，为什么不利用生活经验、文化背景、图像和情感来进行科学传播呢?

与公众讨论

以戏剧化的方式有效地传播科学知识，包括引发学习者的情感，以传递科学概念。戏剧，通过技巧和言语作用于我们的情感知识，确保所产生的知识水平——情感加概念——达到最高水平。

在激发公众对具有重大社会影响的科学主题进行讨论、交流方面，艺术戏剧语言特别有用。艺术人员和博物馆科学家合作的主题包括纳米技术、核能、节能、循环再利用等，其目的在于：

· 探讨可能的社会后果；

· 在公众、演员之间以及讲解员和教育专家之间激起讨论；

· 提高观众对新技术的社会影响，以及多渠道信息的重要性的认识；

· 激发青少年、老年人和儿童等不太敏感的人群对这些主题的兴趣；

· 鼓励观众积极参与。

戏剧本身是一种有效的宣传工具，能有效地传播科学和社会话题，因为它能通过以下方式从不同的角度对主题进行展示：

· 角色扮演，多位角色能够同时表达对同一主题的不同意见；

· 促使观众重视某一个特定角色所表达的立场；

· 就相关主题进行公开讨论，甚至在表演结束后仍持续进行。

作为一种训练工具的戏剧

多年来，博物馆还利用戏剧语言培训员工。训练的重点是将身体作为工具，将手势作为语言，将空间作为场地，目的是：

·利用展品作为象征元素，人们可以围绕展品活动、讲故事，从而传播科学知识；

·将一个科学发现/事件或历史上著名的科学研究改编成戏剧，能够激发个体或团体观众产生情感和联想，提高其参与感。

我们还需要重视讲故事的天性，由于传统训练习惯于限制每个人身上讲故事的天性，这种讲故事的能力正在逐步退化。

归根结底，演员的技巧在于通过变化多端的语言文字、语音语调和手势动作，以最精辟的方式传递信息。

在过去几年里，"云"剧团和那不勒斯科学城之间的合作也促成了许多项目——将戏剧和表演相融合，成为展览、展品或科学传播项目设计开发中的重要环节。

从项目的起始阶段开始，由艺术家和博物馆工作人员组成的团队就开始共同参与，从而更好地整合和使用现有的工具。在创作过程中，使用不同语言的人在一起工作。这样的组合结果远胜于单个部分的总和。戏剧应该以一种更富联想，而非言辞刻板的方式来阐释科学团队提出的内容。博物馆团队也应当利用戏剧技巧设计博物馆和展览布景、科学剧布景。

两项科学表演的研发步骤

"水和空气组成的云"和"九月怀胎，生命是如何开始的？"是两项针对4~7岁儿童的活动：

·博物馆工作人员根据与教师、教育工作者的会议和工作坊的反馈意见选择主题。

·目标观众是小学生。教师们大多要求演出的内容包括水资源和水循环知识，以及对性教育、怀孕和生育的初步探讨。

·科学教育工作者列出了一系列与这些话题相关的基本概念。

·艺术工作者在考虑受众年龄、传播需求、空间和结构需求以及可用预算的情况下，以充分的创作自由，编写关于拟议主题的戏剧文本。

·最适合小学生观众的戏剧形式就是讲故事。这两场演出的场景都有一位女演员参与，同时会使用各类道具和材料。

·戏剧舞台的首选形式是一个能同时容纳 15 名儿童的封闭结构，尤其是能够营造奇幻氛围、便于运输和安装。然后选择服装、背景配乐和灯光效果。

·制作演出宣传单，制订宣传方案。

·准备课堂教学材料（游戏、教学工具和活动）。

·为博物馆工作人员制作两场演出的样片，改进传播模式，集体讨论所有新产生的建议。

·从来自不同社会阶层的家庭和学校团体中挑选观众进行试演。评估人员和心理学家也参与演出。

博物馆戏剧是科学和戏剧之间的桥梁。它能激发观众的好奇心，并通过对话和思考的过程，促进理解。

（翻译：谌璐琳）

第十四课：意大利语言和文化的"开胃菜"

弗朗卡·斯比罗 （Franca Sibilio）

罗萨·乔尔达诺 （Rosa Giordano）*

意大利语课程是尼日利亚大学生培训计划中的补充活动之一。开设该课程的目的是从文化的角度创造交流机会，与尼日利亚学生群体分享整个培训经历的基本原则，该培训不仅为学生提供内容和预制的指标，还创造了不同层面的信息交流和不断比较的机会，从而确保联合举办奥韦里科学节的现实性和可行性。

由于组织方面的限制，很难安排太多课程，我们一共只开办了十节课。克服这种"时间"限制的办法，是在可用的"空间"采取戏剧的方式授课。我们没有使用传统的教室，而是选择那不勒斯科学城儿童展区作为上课地点。该区域包括一个球池和大型靠垫，地上铺有软垫，需脱鞋进入。由于没有使用投影仪、书籍等工具，选择这一区域所体现的轻松氛围得到了强化。

在培训中，培训教师与学生一起参与，共同体验，一起通

* 弗朗卡·斯比罗和罗萨·乔尔达诺，那不勒斯市欧洲信息文化和公民中心，邮箱：ceicc@ comune. napoli. it。

过十次课程来学习意大利语的基本结构。

我们使用的方法不同于一般的短期强化外语课程。许多语言课程都在教授交流所需的预设且刻板的表达。然而，多年经验表明，我们的方法使人们融入情景，身体也参与其中，所以适合在教室以外的地方开展。这种方法要求全班学员不能使用任何已知外语（在本案例中是英语）作为沟通的桥梁，而是要使用身体语言。

这门课的内容包括自如地运用所有感官，学习交流情感和感受，只为了认识那些同样想接近我们的人。

我们的出发点是结交朋友的共同愿望：我们自我介绍，玩字母游戏，学习把图片和单词联系起来，用简单的形容词相互问候和表达我们的第一感受，我感到很开心、感到累了或饿了等。

学习的过程是通过不同的感官去探索语言：我们从味觉和嗅觉开始，尝试在同一张桌子上吃东西，发现新旧气味，品尝一些经典菜式，最后用简单的语言表达情感、记忆和联想。慢慢地，我们开始探索周围的环境：不同状态的水，海洋及其栖息者，我们用身体感知外部世界。当谈及与大地的联系时，主要使用"触摸"的方式：我们谈论自己来自哪个国家，谈论此次培训的东道国意大利，目的是了解每个人来自哪个地方，从而建立与地球更密切的联系。随后，我们仰望天空，用更深的认识和已经熟悉的词语讨论行星和十二星座。

课程培训的最后一个环节是谈论各自的梦想。我们将梦想放在一起，开始畅想地球和人类的美好未来。因此，我们通过语言和非语言的交流，沉浸在意大利语中，交流经验和文化。这次培训与尼日利亚科学博物馆建设项目密切相关，该项目可以增进当地社区的福祉。学员们利用所学的词汇、形态和句法结构准备一场公开表演。他们以一种新颖的方式介绍自己，让人们了解他们每个人的个性，分享他们的梦想。

在这种方法中，培训教师的角色和责任是不要忘记学习意大利语这一目标，并最终将这种密集的体验转化为符合语言规则、特点的交流，而此时这一语言不再是外语，学生不再是说这种语言的外国人，按照萨特的观点，学生也具有主体性，主动融入环境和文化中，习得这种语言。

（翻译：谌璐琳）

第四部分

从理论到实践

奥韦里科学节

古列尔摩·马格里奥[*]

在那不勒斯为 10 名尼日利亚学生进行培训之后，我们以为大部分工作已经完成。然而，事实并非如此。抵达奥韦里后，我们才意识到为了确保科学节成功举办，需要组织更深入的培训。产生这个想法不仅是因为有新的讲解员加入，还因为我们需要根据当地的设施及环境要求，对活动内容和表演进行调整。

此外，与当地人初步接触后，我们发现后勤保障方面的困难和文化背景差异，这都促使我们将科学节的呈现方式由实验表演改为"讲故事"。实际上，我们意识到，与欧洲相比，在这里"人工界面"或讲解员的角色在激发公众好奇心方面更为重要。观众（尤其是年龄较大的学生和成年人）在展品或科学表演面前往往会害羞，因此讲解员的存在对于打破这种不自信或害羞情绪至关重要。

当地的信息传播渠道也与我们之前想象的大相径庭。这里典型的科学活动传播媒体包括网站、报纸和电视。到了奥韦里，我们意识到最好的宣传手段是牧师在弥撒结束时的讲话，

---

[*] 古列尔摩·马格里奥，那不勒斯科学城展览与活动部，邮箱：maglio@cittadellascienza. it。

以及驾驶一辆载着乐队的汽车驶过小镇，用音乐宣布科学节开幕的消息。此外，根据当地情况，我们无法指望中央机构能向奥韦里的所有学校宣传关于科学节的消息，只能自己逐一联系当地学校的老师。

培训当地员工

伊迪斯基金会的工作人员抵达奥韦里，他们很快就发现必须开展新的培训。当地许多学生积极报名参加培训课程，充分展现了当地人对这种活动的兴趣。培训是必要的，因为学生们不仅都没有做过讲解员，而且在解说展览和进行科学展示时，若涉及一些科学主题（尤其是生态学），就会有很多常识性错误。学生们对这项工作充满了热情和兴趣，如果将来有机会从事这项工作，他们中的大多数人都会成为优秀的讲解员。

我们不仅对讲解员进行了培训，还为咨询处人员、多媒体负责人、设备维修人员和人力资源管理人员开设了专门的培训课程。然而，由于人员流动性较大，我们对培训的效果产生了一些怀疑。

不管怎样，所有受过培训的人都非常聪明，并且对完成科学节这项工作很感兴趣。因此，可以预见，他们将来有可能继续从事这些职业。

布展

布展是科学节前期工作的重要环节。因为布展工作缺乏专业的组装人员，也缺乏用于布展的工具，为了提高工作效率，以最好的方式组织布展工作并缩短工作时间，我们邀请了

依文艾杜公司（Eventidue Company，展品的制造商）的两名
技术人员来到奥韦里。遗憾的是，装有展品的集装箱姗姗来
迟，而两名技术人员不得不提早离开。技术人员离开前留下了
工具，这样意大利团队在奥韦里阿苏普塔科学中心招募的学
生们的帮助下就可以安装展品。此外，如果科学节使用的发电
机是从意大利运来的，那么就能解决供电不足的问题，但当地
的组织者却坚持要在奥韦里购买。最后，当地的组织者也没有
买到发电机，我们只能使用从大主教区借到的一台功率小、噪
声较大的发电机来给展览供电。以后在类似情况下，组织者必
须充分考虑缺乏工具和设备的情况。

科学节内容

奥韦里科学节是首次向尼日利亚青少年和成年人进行科
学传播的实践行动。这对于加深当地和国际机构对在尼日利
亚开展科学传播重要性的认识具有开创性意义。本次科学节
是面对向年轻一代传播科学文化挑战的回应，是一次实操层
面的尝试。

整个科学节就像一个"科学集市"，最吸引人的地方是通
过科学表演激发青少年的好奇心，同时也使用简单和易于复
制的材料。

物理学互动展览

观众通过互动展品，可以了解声音、视觉、自然力量和电
力现象背后的科学知识。

展览集中展示了一些通过感官和仪器进行观察的科学

现象，主要包括四个领域：光学、电磁学、力和能量、声学。

所有展品帮助观众：

·从操作体验中识别展示原理；

·分析原理之间的关系；

·用数学语言表达；

·能明确指出现象背后的规律，对现象进行预测，并通过实验验证，重现这一现象。

观众通过体验互动展品，可以了解科学探究过程的所有分析方法和工具。观众用材料、仪器、技术设备和互动游戏观察和验证经典物理学领域的科学现象。

电和磁

一直以来，电磁现象为人类与自然的关系增添了神秘感和不可思议的感觉：

·闪电的光，以及随之而来的隆隆雷声；

·磁铁能吸引铁片、指向北方；

·琥珀——电子（这个单词源自古希腊语的"琥珀"）。

对于上述每一种物理现象，以及许多其他物理现象的研究，包括电磁在大众生活中的广泛应用，彻底改变了人类的生活方式。它是社会和私人生活各个领域进步的源泉，启发我们不断制造和应用机械设备、人工照明，延长我们日常活动的时间。

展品包括：

·手动电池；

·静电"跳蚤"；

·禁锢闪电；

·太阳辐射仪。

力和能量

施力是一个在我们的实践经验中自然而然产生的概念：当我们打碎一个果壳，举起一块砖，用黏土塑形，拧擦地板抹布时，我们都在施力。

同样的现象发生在：

·风吹动风筝和风车；

·海水使船浮在水面上，将鹅卵石磨得平滑；

·磁铁吸引铁片；

·地球使指南针旋转并对物体有吸引力；

·空气帮助热气球上升，并减缓跳伞者的降落速度。

我们在水中和月球上重量都比较轻，但产生这些现象的原因是不一样的。会是哪些原因呢？钉子在水里会下沉，而树干则会浮起来。为什么？为什么陀螺转动时能保持平衡？为什么静止的自行车会倒下，而骑行中的自行车不会呢？为什么月球不落在地球上？开门时，为什么离铰链越远的地方越容易打开？

人类不断尝试通过创造各种机器增强人体能力，与自然界建立了关系。因此，我们与自然界各类现象共存。

展品包括：

·阿基米德推力；

·平衡棒；

·瓶中共振；

·砖头游戏；

·混沌摆；

·方轮；

·陀螺轮。

光、色彩、景象

光没有实体，摸不着。但它与物质相互作用，会传递、吸收、反射、扩散、凸显色彩，甚至在适当的条件下，产生光线。光帮助我们看见景象，但我们却看不见光。没有什么能以光速运动。

为什么房间的窗户在晚上看起来像镜子？为什么猫在晚上看起来都是灰色的？为什么彩虹是弯的？为什么宇航员在太空飞行时可以看到太阳，天空却是黑色的？金属能起到镜子的作用，那其他材料呢？为什么任何物体在达到白炽状态时，会失去它本来的颜色而发出白光呢？为什么在炎热的天气里，柏油路的表面看起来是湿的，好像海市蜃楼一样？为什么一根半浸在水里的树枝看起来是折断的？

人类一直试图利用光这种万能的能量：

·生成和利用这种能量的系统和设备，即使没有天然光源也能使用这种能量（蜡烛、手电筒、霓虹灯、灯泡、激光束、胶片、相机）；

·制造能够扩展我们视觉能力的工具（透镜、望远镜、显微镜、小型望远镜）。

展品包括：

·二合一；

·飞行镜；

·牛顿的磁盘；

·海市蜃楼。

音乐和声音

音乐与科学之间有着密切的关系，也有许多相似之处。音乐家也是"研究者"：他们做实验是为了产生新的知识。为了说明二者的关联，这里通过一组实验、演示、教育游戏，探讨三个主题：声音的物理特性、音乐的音阶和数学、乐器的分类及其构造。

·声音的物理特性。通过实验和演示，重点阐述了声波的传播现象，以及声音的高低和强弱、共振和节拍。

·音乐的音阶和数学。不同文化中的音阶都是建立在不同频率之间数字比例的科学基础上的。通过实验和形象化的元素（线、点和复杂的数字）向观众展示音乐与数学的联系。

·乐器的分类及其构造。通过简单的乐器构造来研究乐器发出不同音色的原因：使用的材料（木材、皮革、金属等），厚度和张力（皮革和绳子）及外形尺寸。

展品包括：

·延迟的声音；

·反向发声机；

·有线电话；

·可视化的波。

活动安排：

·沙的共振；

·沿线传播的波；

·波的计数；

·啵嘤声；

· 尺子与激光；

· 电脑上的声音；

· 绕着玫瑰花环起舞；

· 大声和小声。

户外实验室

在互动展览区域的四周，有五个开放实验室——主题包括能源、环境、音乐、化学、食品和健康，旨在向人们展示日常生活现象背后的科学原理。这些原理通俗易懂，也可以用简单的材料和实验展示出来。

能源主题实验室

在这里，我们关注能源及环境的可持续利用情况。观众可以看到一系列实验和演示，旨在展示自然界产生能量的过程；例如光合作用的过程，许多自然现象都是基于这个过程，还有能源是如何从化石燃料（天然气、石油和煤炭）中获取的，以及在炼油过程中发生的物理和化学变化。这里还介绍了新能源。一组实验重点介绍大自然中力与能量的关系。

活动安排：

· 从石油中获取能量；

· 吸热：黑色/白色问题；

· 羊毛热屏障；

· 制作温度计；

· 制作热量计；

· 来自太阳的能量：太阳能烤炉；

- 体温计；
- 储存冰块；
- 哪个更温暖：木头还是金属？
- 在聚苯乙烯和金属上融化的冰块；
- 体验折射；
- 温室效应；
- 罐子里的水循环。

环境主题实验室

在这个区域，实验演示和传播的信息促使观众更好地了解自然环境，激发青少年对自然现象和日常问题的好奇心。即使是像生物-地球化学循环（水、氮、碳）这样深奥难懂的主题，也可以用简单的材料轻松展示。这有助于我们了解回收和再利用日常所用大部分材料的重要性。

我们还可以研究尼日利亚的一些自然环境：海岸、三角洲、丛林和雨林，以及生活在上述环境中的典型生物。从生物多样性和环境价值两方面介绍了不同生态系统的具体特征。同时还论述了保护当地动物物种和防治寄生虫、植物和动物疾病的问题。对资源的管理问题也进行了探讨：森林砍伐和随之而来的水土流失，使用单一的耕作方法会破坏土壤，空气和水污染影响动植物的生存。

活动安排：

- 对抗植物的敌人；
- 观察细胞；
- 一滴水中的生命；
- "好客"的根系；

- 叶子的颜色；
- 授粉；
- 罐子里的水循环；
- "披雨衣的土壤"；
- 蒸馏水；
- 请把碳棒递给我；
- （令生物）窒息的油；
- 石油与鸟类；
- 吃垃圾的虫子！
- 生态系统；
- 豆子的幼苗；
- 根在哪里？
- 染色的芹菜；
- 花朵的盛开；
- 倒模；
- 让我们准备一个铸模房；
- 模仿秀。

食品和健康主题实验室

在这里，我们介绍了健康生活方式中的正确饮食。尤其关注对人类健康构成威胁的微生物（细菌、真菌和寄生虫）和病毒。动画和模拟展示了它们如何影响人类的身体，以及需要采取哪些预防措施来减少这些看不见的敌人造成的危害。

科学实验展示了人体是如何运转的。简单的实验演示了如何确定食物中糖类和淀粉的含量，以及如何提取（以及如何让它可见）洋葱、香蕉和西红柿等一些食物的 DNA。

活动安排：

·健康饮食，健康生活；

·如何保存食物？

·消化系统之旅；

·病毒和细菌；

·建造食物金字塔！

·我们去买菜吧：用哪些食物做出健康早餐、午餐、晚餐和加餐。

化学吧

"化学吧"设在一个帐篷里，观众可以看到简单的化学实验演示。实验以有趣、易懂的方式进行展示，效果引人入胜，目的是让观众了解化学反应背后的过程，对相同的反应提出不同的假设并验证假设。实验主要使用天然化合物，避免使用复杂的污染性物质，以便于排放废物，同时也强调，化学反应在自然界每天都在发生。

活动安排：

·跳舞的小球；

·杏仁牛奶：但是请勿饮用！

·蔬菜与特性；

·"穿衣"的鸡蛋和"不穿衣"的鸡蛋；

·制作咖啡：但是请勿饮用！

·研究红洋葱；

·晃动得到蓝色。

科学节每日情况报告

报告人：西尔维亚·安亚多（Sylvia Anyadoh）
地点：奥韦里阿苏普塔科学中心

4 月 20 日

意大利代表团抵达奥韦里。代表团人员包括：那不勒斯科学城伊迪斯基金会执行委员会委员兼欧洲科学中心协会主席文森佐·利帕迪，科学节展览负责人古列尔摩·马格里奥，意大利科学城讲解员戴维·彼得罗恩，以及依文艾杜公司的展品技术人员克里斯蒂安·塔斯科和菲利普·拉罗萨。

4 月 21 日

这一天原定是讲解员培训的第一天，但是因为繁杂的入关程序问题，展览的包装箱和科学演示的材料仍在尼日利亚海港拉各斯，没有展品和实验材料，就无法对学生进行培训。整个展览包括涉及不同主题（能源、音乐、光和电）的 21 件互动展品，七台用于播放多媒体节目的电脑和两台配有摄像头的显微镜，将显微镜显示的内容投到大屏幕上，可供以学校团体形式参观的学生集中观看。这一展览旨在激励青少年热爱科学技术。

接下来，在活动中心外围搭建了五个帐篷，作为不同主题的实验室（关于食品和健康、音乐、环境、能源、化学），让观众有机会看到用简单和可重复利用材料进行的科学演示。很多尼日利亚学生有兴趣参加培训，他们大多数来自奥韦里科技大学，所以我们决定将他们分成几个小组，开展不同内容的培训课程，并测试学生的沟通能力。

古列尔摩·马格里奥和戴维·彼得罗恩与第一批共25名学生讲解员交流，讨论了讲解员的作用、科学传播的最佳方式以及带领学生团体参观的实践技巧。古列尔摩和戴维还图文并茂地向学生们讲解了展览的布局。

他们演示了如何完成科学实验的表演，演示使用的材料和动植物标本由牧区中心（Pastoral Centre）花园提供，随后将在此处开展自然观察活动。

4 月 22 日

动植物标本的收集工作继续进行。此外，伊迪斯基金会的代表们还检查了将要安装帐篷的花园。

那不勒斯科学城的工作人员与第二组共30名学生讲解员交流，讨论了讲解员的作用、科学传播的最佳方式以及带领学生团体参观的实践技巧。古列尔摩和戴维继续图文并茂地向学生们讲解了展览的布局。下午，工作人员在足球场安装了帐篷，足球场的草坪也都修整一新。

4 月 23 日

装有展品和科学演示材料的集装箱还没有运到；与此同时，部分当地制造的木制家具运抵。这些材料都是实木做的，看起来很坚固，但尺寸与原始设计不同，所以意大利代表们努力依据帐篷大小和使用需求，调整木质家具的摆放，最大限度发挥家具的作用。

意大利代表和奥韦里阿苏普塔科学中心工作人员召开了一次会议，确定双方人员在科学节期间的分工。

奥韦里阿苏普塔科学中心用一辆载着乐队的卡车为奥韦里科学节开幕做宣传。尽管集装箱迟迟未到，当地的组织者并未计划推迟举办科学节。

4 月 24 日

奥韦里科学节的开幕仪式在奥韦里的玛丽亚·阿桑普塔大教堂正式举行，大主教奥宾纳表示，科学节的举办是在当地居民中推广科学文化的一种方式。奥宾纳牧师记得，在尼日利亚内战（所谓的比夫拉战争）期间，天主教人之所以能够在战争中抵抗多年，是由于当时科学知识的快速进步，帮助人们改善了农业生产、粮食供应和家畜饲养。之所以能够有这么高的科技水平，得益于大学和中学的科学教师素质提高和倾心教育，这些高素质的老师是这个地区发展的真正动力。据大主教说，战后，这种高水平的科学技术发展衰退了，该地区慢慢地失去了在科学教育方面的优势，而这一切导致生活质量下降，以及在农业、工业、能源发展中采取不可持续的做法。

大主教希望这次科学节（以及之后的科学中心）能够改变这一消极的状态，并鼓励年轻学生从事科学事业，成为未来的科学教师和教授。随后，开幕仪式移至奥韦里阿苏普塔会议中心召开，主持人丘克斯·奥格邦纳教授介绍了出席开幕式的嘉宾，包括大主教奥宾纳、阿苏普塔会议中心主任托贝奇·安亚代克、意大利那不勒斯科学城伊迪斯基金会执行委员会前任代表和欧洲科学中心协会主席文森佐·利帕迪、奥韦里阿苏普塔科学中心科学委员会主席安东尼·奥凯、联合国教科文组织尼日利亚办事处主任努古博士、本次活动的主要赞助商芬梅卡尼卡集团文化和社会活动协调员里卡多·罗维尔博士。科学节开幕式结束后，在会议厅举行了一场传统音乐会。展品集装箱还没有运到，受邀嘉宾们依然视察了将要举行活动的场地。

4 月 25 日

装有展品和科学展示材料的集装箱因为繁杂的手续问题仍然滞留在拉各斯，因此科学节开始时只有活动和会议，没有展览。

当地一名年轻的研究人员带来了不少履带式车辆和用电驱动的卡车模型，为观众演示这些机器是如何工作的。这让人们意识到，参与这次科学节后，未来将有更多的人会考虑从事科学和机械相关的活动和工作。

在奥韦里科学节首场讲座上，恩·乌努丘克武教授介绍了化学为我们日常生活提供的便利，比如利用自然资源生产沼气、制作肥皂，以及消灭蚊子的简单方法。研讨会结束后，来自那不勒斯科学城的讲解员为尼日利亚奥韦里阿苏普塔科学中心的学生进行关于沟通技巧的培训，并要求他们向听众解释在周围环境中发现的科学现象。这样的实地培训对于接受培训的学生和培训老师自身来说，都有着特殊的意义。学生可以在现场和培训老师互动，而培训老师能够认识事物的不同含义、共同点、需要思考的问题，以及学生科学背景知识的不足之处和值得肯定的方面。

4 月 26 日

意大利代表团应邀参加了在奥韦里附近村庄举行的传统

弥撒，并会见了当地部落的首领。之后他们前往阿苏普塔科学
中心选址进行参观，场馆所在地还种植着油棕和木薯，但部落
首领保证，将在不久之后开展清理工作。随后，当地首领在其
行宫接见了代表团一行，该行宫也是举行可乐果仪式的地方。

4 月 27 日

第一场讲座由奥格邦纳教授主讲，题目是"食物与健
康"。营养是什么？奥格邦纳教授认为：营养就是吃你想吃的
东西来维持生命。三围和体重是衡量营养充足程度的指标。他
把人体比作一台机器，输入食物，排出废物。身体能承受压力
的程度也与人是否获取充足的营养有关。讲座上他还讨论了
关于人体的营养需求和能量需求，碳水化合物代谢疾病，食物
中的微生物，如酵母、细菌和霉菌。在讲座最后的提问环节，
奥格邦纳教授逐一回答了听众的问题。

第二场讲座由翁武莉莉教授主讲，题目是"科学与传统
音乐的保护"。在讲座开始前，有一段富通（FUTO）选派学
生的歌曲表演。翁武莉莉教授对音乐与物理学之间的关系进
行了阐释，介绍了音乐的要素包括声音、运动，列举了一些传
统的信息传播媒介，如膜鸣乐器和体鸣乐器，讨论了传统音乐
在娱乐、传递信息、宣告死亡、歌颂和交流方面的作用。谈到
音乐和文化保护，她强调需要保护尼日利亚（尤其是伊莫州）
日渐消亡的传统文化。世界上不同的国家都有自己的传统，尼
日利亚人不能让自己的文化和传统消失。翁武莉莉教授还谈
论了存储音乐的科学方法，教育大众保护传统音乐的必要性
和激励机制，以及怎么使用 DVD 光盘等。

讲座结束后，奥韦里阿苏普塔科学中心的学生在伊莫州

立理工院乌穆阿格沃分校表演了一出戏剧。同时,那不勒斯科学城的工作人员为学生们举办了一场特别培训,介绍科学中心采用的实用沟通技巧。工作人员带领学生们积极参与,鼓励学生们用简单直白的语言解释他们周围的世界。培训的目的是让学生们了解科学中心讲解员的作用及其重要性,向观众传递信息,激发观众对科学的兴趣。

4 月 28 日

第一场讲座由 F. C. 埃兹教授主讲,题目是"尼日利亚的替代性能源、核能发电"。讲座主要讨论了核能的特点、太阳能及其应用、每一代太阳能电池及其特点。埃兹教授也逐一回答了听众们的提问。

接下来,穿插了一场音乐表演,表演者来自富通选派的奥韦里阿苏普塔科学中心学生,观众们大饱眼福。

第二场讲座由奥格维格布教授主讲,内容是关于核能发电的。

研讨会结束后,那不勒斯科学城的工作人员继续对学生进行培训,继续介绍讲解员的工作内容,尤其是情感交流方面的内容。在培训过程中,学生们需要谈论一件对他们来说非常珍贵的物品,试图表达他们对这些物品的情感,提高沟通技巧。古列尔摩·马格里奥认为,培训的目的是让学生们了解,如果讲解员对所讲解的事物投入更多的热情,就有助于提升沟通能力。

4 月 29 日

集装箱终于到了!上午 9 时 30 分开始卸货,工作人员拆箱后取出展品，开始安装。随后，那不勒斯科学城的工作人员在奥韦里阿苏普塔科学中心的学生们帮助下，开始根据场地进行布展。布展工作进行了一整天，直到当晚11点才结束。首先安装的是互动型展品，然后在指定的房间中组装电脑、配有摄像头的显微镜，最后将全部大型展板搭建好。

安东尼·奥努库克武教授是当天研讨会的主讲人，研讨会题目是"为经济赋能，居家配制日用化学产品的必要性"。

4月30日

展览安装调试完成，展品布置到位，得到学生们的好评。他们非常喜欢与展品互动。在此参加会议活动的低龄学生似乎也很喜欢这种新的体验方式，因为他们发现这与他们过去接触科学的方式截然不同。起初，观众们很害羞，不敢操作展品，但当他们看到展品展示的现象后，就开始一遍遍操作展品。所有的展品都得到了观众们的赞赏，尤其是展品"二合一""禁锢的闪电""延迟的声音"，其展示效果让人惊叹不已。此外，图文并茂的展板也激发了观众的兴趣。

意大利代表团对当地讲解员进行了培训，根据评估结果，受训学员分为两组。第一组和第二组的培训内容包括：带领团体参观不同的展区，如何使用显微镜，准备化学、能源、环境、音乐、食品和健康主题的科学表演。受训学员都得到了一本25页的培训手册，手册的内容主要是如何开展科学表演。因此，在培训期间，通过集体朗读手册上的内容，保证大家掌握的信息是准确的。培训从上午开始，持续了一整天。当天晚上还参观了唐·瓜纳拉学院，该学院招生对象是残障青年。

5月1日

古列尔摩·马格里奥帮助尼日利亚奥韦里阿苏普塔科学中心完成了科学节的基础性工作，安排各类人员分工，包括咨询台人员、安保人员、清洁工、电工和讲解员。接下来，第一组讲解员在戴维·彼得罗恩的指导下在科学表演的大棚区域练习，第二组讲解员在古列尔摩·马格里奥的指导下带领团体参观展览。

考虑到科学节结束后展品存放面临的安全问题，古列尔摩·马格里奥和西尔维斯特还检查了将要存放部分展品（特别是计算机和显微镜）的场所。科学节的闭幕日期推迟到5月4日，以弥补展品晚到耽误的时间。

午饭后，来自尼日利亚奥韦里阿苏普塔科学中心的代表和那不勒斯科学城伊迪斯基金会的代表举行了践行活动，并向所有参加该项目的人赠送了礼物。随后，意大利代表团离开奥韦里返回意大利。

5月2日

负责引导团体参观的志愿者很早就来了，按照展区分成五个小组。他们按所负责的工作内容领取了资料，准备实验材料，练习展示内容。上午11点左右，所有人上楼观看了一部关于非洲野生动物的纪录片——《狮子》。

一切进展顺利，富通公共卫生部的一支讲师团队围了过来，对显微镜活动十分赞赏。西尔维娅·安雅多向他们展示了如何操作显微镜观察昆虫和水滴中的生命等立体实物和微生物，这一体验让他们非常开心，他们表示会带着学生再来参观。

学校团体由老师带领，参观时，讲解员将学生分为三组，依次体验展品。纪录片结束后，本应在展览大棚中继续进行科学表演，但突然下起了雨，大家纷纷跑回会议中心大厅（展览区域），学校的学生们则乘坐大巴车离开，一些孩子也冒雨回家了。

5 月 3 日

神父托贝奇、科学节秘书处以及负责引领团体参观的讲解员共同参与了一场特别会议，主要是帮助讲解员进一步熟悉引导方式和讲解内容，现场约有 43 人出席会议。会议结束后，由讲解员自由熟悉展品，随后离开，当天没有其他安排。

5 月 4 日

上午 8 点 30 分开始，负责团体参观的讲解员摆好桌子，开始排练将要为观众演示的实验。

上午 10 点，托贝奇神父和另外两位主教主持了闭幕式的弥撒活动。弥撒结束后，大家到会议中心参加正式的科学节闭幕式。大厅里挤满了人。原定主持典礼的工务署署长无法出席，向出席者传达了歉意，闭幕式由丘克斯·奥格邦纳主持，演出活动由西尔维娅·安雅多担任司仪。很多知名人士出席了闭幕式，包括代表大主教出席的阿卡加神父、阿盖祖神父、托尼·恩库神父，大主教奥宾纳，富通农业大学安农教授，伊莫州基础普及教育委员会（SUBEB）莫贝赫鲁女士，奥韦里市议会涅曼兹女士，奥韦里国家信息技术研究所的塞卡特·甘古利先生，瑞士的马可·施密特先生，奥韦里市阿苏妲奥塔科学中心—意大利的萨比诺·伊安迪罗先生和格劳科先生，还有来自伊莫州不同地方政府的许多科学主管，一些学校团体及教师，大学生和儿童等。非洲独立电视台（AIT）的DAAR传媒，阿桑普塔传媒的主流报刊，以及《卫报》《公民》《太阳报》都对科学节的活动进行了特别报道。

闭幕祈祷后，大家在户外一起放飞气球。紧接着是拍照留念。接下来的活动则是参观互动展览，总共分为五组。一组是特邀嘉宾，其他组为年轻人。托贝奇神父在会议中心的走廊上指着科学节临时占用的场地向大家介绍（因为下雨，无法步行过去），并感谢大主教和大主教区所做的安排。

户外实验在五个主题区域展示，展示区域依据沿着走廊的桌子划分（前走廊：环境与化学；侧廊：音乐、食品和健康），能源主题的实验在内侧，靠近接待台。所有桌子前都有一大群人在体验探索的乐趣。阿代兹·阿塔马小姐在现场监督并维持秩序。

傍晚时分，大主教奥宾纳和神职者阿马基里亲临现场，将当天的活动推向高潮，当时户外正在进行科学表演。大主教首先在食品和健康展区驻足，在那里测量了他的体重身高指数（BMI），数值正常。然后，他参观了互动展品。最后，他来到显微镜观察区，观察了一些宏观生物（不同的昆虫）和微观生物（一滴水中的生命）。他对意大利主办方以及为科学节和科学中心的成功做出贡献的参与者表示钦佩和赞赏。他祈祷科学中心项目能得到支持，并不时更新，也建议对讲解员进行个人培训。

直到我们的两位朋友，来自瑞士的马可·施密特先生和来自奥韦里阿苏普塔科学中心的格劳科先生离开的时候，互动展览和实验仍在进行。在他们离开去赶飞机之前，我们举行了简短的欢送仪式，包括交换礼物和拍照合影。

2009 年 5 月 4 日星期一下午 6 点 30 分左右，科学节正式结束。5 月 5 日，展览展品转移至临时存放地点，至本文撰写时，所有展品都已安全搬到临时存放地点。

（翻译：霍菲菲）

第五部分
技术附录1——科学实验集

总体建议

古列尔摩·马格里奥[*]

总体建议

科学实验操作不当，就会导致人员受伤、物品损坏。我们的建议是，进行下列实验操作时，需要成人（教师或家长）的监督和引导。如果因不遵守安全规则和步骤说明，最终导致受伤，伊迪斯基金会不承担任何责任。

安全守则

·下列实验操作，请务必在成人（教师或家长）的监督下进行！

·使用化学药品或其他可能伤害眼睛的物品时，一定要戴上护目镜保护眼睛！

·每次实验前后都要洗手！

·未经成人许可，不得随意混合化学药品！

---

[*] 古列尔摩·马格里奥，那不勒斯科学城展览与活动部，邮箱：maglio@cittadellascienza. it。

· 不使用时，请确保所有的瓶子和容器已盖好！

· 一旦化学品沾到皮肤或衣服，请立即告知教师或家长！

· 混合化学品时，不要凑近看试管或闻试管的气味！

· 千万不要品尝实验中用到的或制成的化学药品！

· 实验结束后，请清理桌面并清洗所有设备！

· 实验操作过程中如果受伤，请立即告知教师或家长！

（翻译：戴天心）

工作坊 1： 化学

茉莉亚·盖塔（Giulia Gaeta）

伊丽萨·拉姆彭（Elisa Rampone）

菲得里克·布里吉达（Federico Brigida） *

跳舞的小球

目标：展示酸溶液和碱溶液间发生的化学反应，生成二氧化碳的过程。

讨论的概念：密度、压力、流体静力学和溶解度。

所需材料：樟脑丸、碳酸氢钠、水、染色剂或酸碱指示剂、食用白醋或稀醋酸、滴管或铲子或勺子、蓝红石蕊试纸、烧杯（5升）、玻璃棒。

准备工作及步骤：将两勺碳酸氢钠倒入烧杯中。依次向烧杯中加入水、染色剂或酸碱指示剂、樟脑丸。在这一过程中，樟脑丸沉在烧杯的底部。加入 50 毫升食用白醋或稀醋酸。樟脑丸在溶液中反复地上升和下降。

发生了什么？实验中使用的樟脑丸密度比碳酸氢钠溶液的

* 茉莉亚·盖塔、伊丽萨·拉姆彭、菲得里克·布里吉达，那不勒斯科学城合作科学教师，邮箱：eliramp@ libero. it。

密度高，因此开始时樟脑丸沉在烧杯底部。食用白醋中含有醋酸（用蓝色石蕊试纸测试酸度）。碳酸氢钠溶液呈碱性（用红色石蕊试纸测试碱度）。醋酸与碳酸氢钠反应，生成二氧化碳：

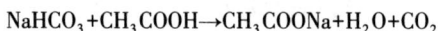

$$NaHCO_3+CH_3COOH \rightarrow CH_3COONa+H_2O+CO_2$$

生成的二氧化碳气体产生许多小气泡将樟脑丸托了起来。当气泡上升到溶液表面时崩解，失去气泡托举的樟脑丸开始下沉。在下沉的过程中，樟脑丸接触到其他气泡并再次被它们托上去。

杏仁牛奶：但是请勿饮用！

目标：展示水解反应，讨论化学平衡。

所需材料：一个罐子、一个玻璃杯、一支 3 毫升定量移液管、0.15 摩尔质量的氯化铋酸溶液（氯化氢为溶剂）、实验用手套和眼镜。

准备工作：在进行实验展示前，预先将几毫升的氯化铋倒入玻璃杯中。

步骤：在罐子里装满水。将罐子里的水倒入玻璃杯中。水溶液变成乳液，看上去像杏仁奶。

发生了什么？氯化铋发生了水解反应：

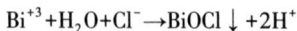

$$Bi^{+3}+H_2O+Cl^- \rightarrow BiOCl\downarrow+2H^+$$

或者

$$BiCl_3+H_2O \leftrightarrow BiOCl+2HCl$$

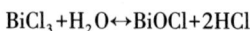

看到水溶液颜色变白是因为产生了白色沉淀——氯氧化铋。

蔬菜与特性

目标：展示碘反应。

所需材料：一个土豆、一个西红柿、一把小刀、一个小盘子、一支滴管、碘酊剂。

准备工作及步骤：将土豆切成两半，在土豆表面滴几滴碘酊剂。土豆表面呈现蓝色，因为碘与土豆淀粉之间发生了化学反应。用西红柿重复这个实验。我们会发现西红柿表面没有变色，因为西红柿不含淀粉。

晃动得到蓝色

目标：展示氧化还原反应和化学指示剂。讨论化学平衡和糖的还原能力。

所需材料：锥形瓶（带盖）、一把铲子、固体葡萄糖、浓度为 0.1% 的水醇蓝亚甲基溶液、8 摩尔质量的氢氧化钠溶液（使用时要小心——会造成严重烧伤！）和蒸馏水。

准备工作及步骤：将 200 毫升蒸馏水倒入锥形瓶中。按以下顺序加入：

· 20~25 毫升氢氧化钠溶液；

· 一茶匙葡萄糖；

· 1 毫升蓝亚甲基溶液。

用木塞塞住锥形瓶，静置于桌上。溶液很快就会变色。起初是蓝色，过了几分钟蓝色消失，变为无色溶液。晃动溶液，溶液又变成蓝色。溶液呈蓝色是由于亚甲基与空气中的氧气发生氧化反应。当溶液静置时，由于亚甲基蓝发生还原反应，蓝色消失了。

发生了什么？葡萄糖氧化成葡萄糖酸。在碱性环境中，葡萄糖酸变成葡萄糖酸钠，亚甲基蓝（蓝色）被葡萄糖还原为无色化合物。还原反应释放出氧气，氧气聚集在锥形瓶的瓶口。晃动溶液时，溶液与空气接触面积增大，溶液中氧气溶解量增多，亚甲基再一次被氧化（蓝色）。

"穿衣"的鸡蛋和"不穿衣"的鸡蛋

目标：用实验理解渗透压、密度的概念。

所需材料：一颗鲜鸡蛋、一颗老鸡蛋、2摩尔质量的浓缩氯化氢溶液（使用时要小心——会造成严重烧伤!）、一把勺子、三个烧杯、2摩尔质量的氯化钠溶液、蒸馏水、实验用手套和眼镜。

实验1

准备工作与步骤：将一颗新鲜鸡蛋放入烧杯中。将氯化氢溶液倒入烧杯，直至淹没鸡蛋。在蛋壳上生成了很多小气泡，之后蛋壳就会慢慢溶解。也可以用醋酸代替盐酸，需要注意，由于醋酸是弱酸，可能比盐酸需要更长的时间。

发生了什么？蛋壳的成分是碳酸钙，与盐酸反应：

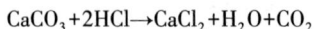

$$CaCO_3 + 2HCl \rightarrow CaCl_2 + H_2O + CO_2$$

二氧化碳形成气泡，氯化钙溶解于溶液中。完成给鸡蛋"脱衣服"的步骤，下一步将讨论渗透压。

实验 2

准备工作及步骤：将实验 1 中的鸡蛋从氯化氢溶液中移到浓氯化钠中。起初，鸡蛋会出现漂浮起来的情况；几分钟后，鸡蛋的表面变得皱巴巴的，鸡蛋便会沉在烧杯底部。

把布满褶皱的鸡蛋移到盛满蒸馏水的烧杯中。起初，鸡蛋会沉在烧杯底部；但几分钟后，鸡蛋会再次膨胀，表面又变得光滑。

用老鸡蛋重复实验 2 的步骤，此时老鸡蛋的蛋壳是完整的。这次观察到的现象与鲜鸡蛋相比有明显不同。在浓氯化钠中，带壳的老鸡蛋一直浮在水面，而在蒸馏水中，老鸡蛋则一直沉在烧杯底部。

发生了什么？蛋壳内有一层半透膜，能够阻止大多数溶质通过，只允许水通过。两个水分子间存在一个氢键，每个水分子可与其他水分子形成四个氢键。在离子溶液中，氢键容易形成，也容易被破坏。溶液的浓度高，则大量氢键重新形成。在蛋壳半透膜内外形成不同的溶液浓度，水分子往往向溶液浓度更高的一边运动。当水进入蛋壳内，导致原有的气泡变小，当水流出蛋壳，气泡变大。鸡蛋内气体多，鸡蛋上浮；鸡蛋内气体被赶出来，鸡蛋沉下去。

实验 2 中，鲜鸡蛋和老鸡蛋产生了不同的现象，是由于膜内气泡的大小不同。老鸡蛋储藏时间长，蛋壳内的空气会逐渐散失，气泡较小。

制作咖啡：但是请勿饮用！

目标：熟悉 pH 值、酸碱指示剂、中和反应、水解和沉淀。

所需材料：一个广口瓶或瓶子、5 个 100 毫升烧杯、一个小玻璃杯、2 摩尔质量氢氧化钠溶液（使用时要小心——会造成严重烧伤！）、2 摩尔质量氯化氢溶液（使用时要小心——会造成严重烧伤！）、0.2% 酚酞水醇溶液一份、蒸馏水、4 摩尔质量氯化氢配 0.1 摩尔质量氯化铋溶液、2 摩尔质量碘化钾溶液、3% 浓度的碘酸钾、实验用手套和眼镜。

准备工作：在广口瓶或瓶子中装些水；加入一些酚酞溶液。溶液的颜色没有变化。

步骤与现象

1 号烧杯——红色开胃酒。将 70 毫升混有酚酞（铟化氢）的水倒入 1 号烧杯。溶液的颜色变成淡红色。发生的反应表示如下：

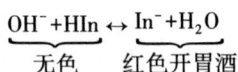

$$\underbrace{OH^- + HIn}_{\text{无色}} \leftrightarrow \underbrace{In^- + H_2O}_{\text{红色开胃酒}}$$

由于 OH^- 的存在，化学反应平衡正向移动，溶液呈红色。

2 号烧杯——水。将淡红色溶液从 1 号烧杯倒入盛有氯化氢溶液的 2 号烧杯。溶液变为无色。发生的反应表示如下：

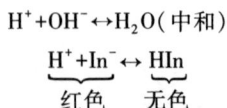

$$H^+ + OH^- \leftrightarrow H_2O\,(\text{中和})$$

$$\underbrace{H^+ + In^-}_{\text{红色}} \leftrightarrow \underbrace{HIn}_{\text{无色}}$$

由于 H^+ 的存在，化学反应平衡正向移动，颜色恢复无色。

3 号烧杯——红酒。将 2 号烧杯中的酸溶液倒入盛有氢氧化钠的 3 号烧杯。溶液变为红酒一样的淡红色。发生的反应表示如下：

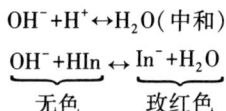

$$OH^- + H^+ \leftrightarrow H_2O（中和）$$

$$OH^- + HIn \leftrightarrow \underbrace{In^-}_{} + H_2O$$
$$\underbrace{}_{无色} \quad \underbrace{}_{玫红色}$$

4 号烧杯——杏仁牛奶。缓慢地将 3 号烧杯中的溶液倒入放有少量氯化铋酸溶液的 4 号烧杯。起初溶液是无色的。加入一些氯化铋酸溶液，溶液变白。发生的反应表示如下：

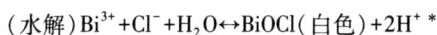

$$（水解）Bi^{3+} + Cl^- + H_2O \leftrightarrow BiOCl（白色）+ 2H^{+\ *}$$

5 号烧杯——橘子汽水。将"杏仁牛奶"倒入盛有碘化钾的烧杯中。溶液的颜色变得像橘子汽水一样。

6 号烧杯——咖啡。将少量"橘子汽水"从 5 号烧杯倒入盛有碘酸钾和淀粉溶液的 6 号烧杯中。溶液的颜色变成一种像咖啡一样的深色。发生的反应表示如下：

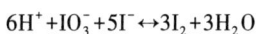

$$6H^+ + IO_3^- + 5I^- \leftrightarrow 3I_2 + 3H_2O$$

碘使淀粉溶液变蓝。蓝色与黄色混合，使溶液颜色深如咖啡。

花青苷（素）的特点与功能

它们的名称来源于希腊语的 $\nu\theta o\sigma$（anthos，花）和 $\kappa\upsilon\alpha\nu o\sigma$（kyanos，蓝色），是含有三个芳香环的糖苷，是红、紫和蓝三种颜色的来源；也是多种水果与花卉呈现紫色和紫

---

* 原文中，Bi³ 后的 + 是以正常格式显示的，但应该是错误的，因为此处的 Bi 应为正 3 价。所以应该以上角标的形式显示。

红色的原因。

它们的特征包括：能溶于水（是水溶性色素）；对酸碱敏感（在酸性环境下往往变成红色/粉红色，在碱性环境下变绿色/蓝色，在中性环境下无色）；在空气中发生不可逆的氧化反应；与金属（铁、铜、铝等）形成有色络合物。

其主要营养特点包括：抗氧化能力强（远强于维生素）；有开胃助消化作用；肠黏膜不吸收；可以作为酸碱指示剂使用。

研究红洋葱

目标：展示红洋葱拥有天然色素，可作为指示剂使用。

实验 1

所需材料：一个标有刻度的广口瓶（25 毫升）、一个带盖的玻璃罐、一把小刀、一颗红洋葱、乙醇、2 摩尔质量氢氧化钠溶液、2 摩尔质量氯化氢溶液、蒸馏水、三支带支架的搅拌棒（棒 1、棒 2 和棒 3）、两支刻度移液管、一个漏斗、滤纸、实验用手套和眼镜。

准备工作及步骤：将红洋葱切成小块放入玻璃罐内。加入 25 毫升酒精，放置几天。将滤纸装入漏斗内，过滤红洋葱浸泡物后，得到浅粉色的滤液（利用酒精提取天然指示剂）。给两个罐子做好标记，分别用移液管倒入 2 毫升滤液和 3 毫升蒸馏水。颜色没有发生变化，溶液为中性。向 1 号罐子滴入两滴 2 摩尔质量氯化氢溶液，颜色变为深粉/红色。向 2 号罐子滴入若干 2 摩尔质量氯化钠，颜色变为绿色。

发生了什么？颜色的变化，与花青素的结构变化有关，这是一种在红洋葱中发现的色素（含量远远高于花青苷）。它是一种非常好的天然指示剂。

实验 2

所需材料：移液管四支、滤纸、2 摩尔质量氢氧化钠溶液、2 摩尔质量氯化氢溶液、天然指示剂酒精萃取物（见实验 1 的准备）、实验用手套和眼镜。

步骤：在滤纸的不同位置上，用移液管分别滴上天然指示剂酒精萃取物。向第一份天然指示剂中加少量水，向第二份指示剂中滴入一滴 2 摩尔质量氯化氢，向第三份指示剂中滴入一滴 2 摩尔质量氢氧化钠，第四份天然指示剂作为对照。观察指示剂颜色的变化。

（翻译：戴天心）

工作坊 2: 食品教育

弗洛拉·迪·马尔蒂诺（Flora Di Martino）[*]

本文中的健康饮食信息、健康指数主要基于意大利的相关参数、意大利人的饮食习惯，实践中必须根据尼日利亚或其他国家的情况进行调整。互联网上有一些可信赖的权威信息发布平台，能帮助学生了解什么样的食物更有益于健康，以及如何安全地保存食物。

健康饮食，健康生活

需要注意的问题

只参考体重身高指数（BMI）可能带来的负面影响：美国健康信托公司（Trust for America's Health）2010 年进行的一项调查显示，美国 84% 的家长认为他们的孩子体重正常，尽管事实上有将近三分之一的孩子超重或肥胖。

目标：计算体重身高指数（BMI），介绍日常饮食、健康

---

[*] 弗洛拉·迪·马尔蒂诺，那不勒斯科学城教育与科学传播项目合作科学教师，邮箱：eliramp@ libero. it。

的生活方式。

所需材料（从网上下载）：体重身高指数表、体重身高指数数值表、人体每日所需营养（国家标准）、年龄与生活习惯、秤、卷尺、纸和记号笔、体重身高指数知识卡、营养数据资料、食物营养成分和热量表（每百克成分和热量）、题为"健康体重"的食物与健康知识卡。

体重身高指数（BMI）与年龄和性别无关。然而，对于不同的人种而言，其身材比例不同，同样的BMI可能代表的肥胖程度并不一样。体重身高指数提高带来健康风险增加，同样，不同人种的健康风险表现可能存在差异。近年来，越来越多的证据表明，关于体重身高指数、体脂比，不同群体体脂分布及由此导致的健康风险增加是相互关联的，而当前世界卫生组织将超重界定为BMI等于或大于25。根据人种的不同设定超重体重BMI数值范围，引发热议。

步骤

第一步：随机挑选一名学生，测量他的体重和身高。计算体重身高指数（BMI），计算公式为：

$$BMI = 体重 \div 身高^2 (体重单位：千克，身高单位：米)$$

根据BMI知识卡的内容讨论测量结果，判断该学生是否在正常范围内、体重过轻、超重或者处于肥胖前期。邀请其他学生参与，测量并重复上述步骤。

第二步：询问学生的年龄、日常生活习惯（如运动习惯）和其他所需信息，计算他们每日摄入的热量，计算学生每日膳食需求，包括种类和数量。

第三步：制作一份个人日常膳食食谱。参照"健康体重"食物与健康知识卡，参与者必须列出食物热量表（每100克的食物中所含的能量）。

活动结束后，学生们可以带走个性化定制的健康食谱。

体重身高指数（BMI）算法简单，通常用于判断成年人是否体重过轻、超重和肥胖。

例如，一名身高1.75米、体重70公斤的成年人的BMI是22.9。BMI=70（千克）/1.75^2（米）=22.9。

成人体重过轻、超重和肥胖的BMI分类如表6所示。

表6　BMI分类

分类	BMI
体重过轻	<18.50
重度偏瘦	<16.00
中度偏瘦	16.00~16.99
轻度偏瘦	17.00~18.49
正常	18.50~24.99
超重	≥25.00
肥胖前期	25.00~29.99
肥胖	≥30.00
一度肥胖	30.00~34.99
二度肥胖	35.00~39.99
三度肥胖	≥40.00

资料来源：世界卫生组织1995年、2000年、2004年定义。

建造食物金字塔！

目标：介绍食物金字塔的概念。饮食指南——食物金字塔是指导构建健康饮食的一份指南。它形象地列出四个等级六组基础食物。大致内容就是，我们每天应该摄入的食物量由金字塔的下端至上端逐级递减（见图1）。

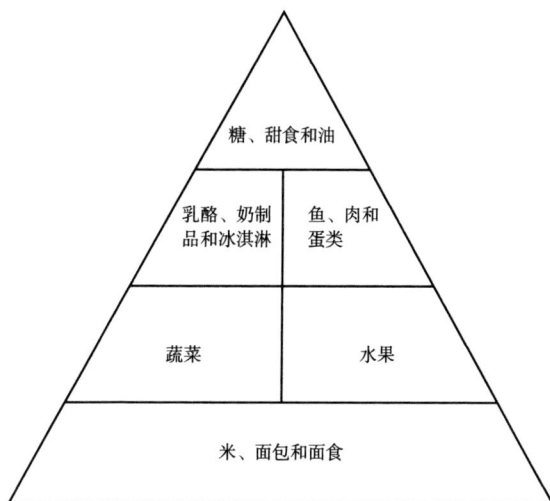

图1 食品金字塔

所需材料：印有"食物金字塔"的展板（应该遵循因地制宜原则，可加入具有当地特色、由当地生产的食物，指南中的食物是国际上公认的）；食品分组展板，健康与营养"基本分类食物"卡片，规格为 29.7×42 厘米的空白索引卡，以及胶水、剪刀、胶带、记号笔和铅笔。

步骤：学生们分别绘制自己的食物金字塔。从金字塔的底部，自下而上地将绘制的食物卡片贴在对应的金字塔层级中。讨论环节可根据现场的情况进行调整（例如，与成人讨论健康饮食的基本原则、热量、食物成分等）。活动结束后，学生们可以带走自己制作的食物金字塔。

我们去买菜吧：用哪些食品做出健康早餐、午餐、晚餐和加餐

目标：了解人体需要哪些食物，什么是健康的饮食方式。

所需材料：若干个空白的"食物金字塔"模型、基本食物模型（例如，牛奶、肉、胡萝卜等）、健康与营养"基本分类食物"卡片、购物袋、白纸和记号笔。

步骤

第一步：讨论学生们的饮食习惯，平时每天吃什么。提前购买各类食物，并仿照超市在活动场地摆放食物，给每名学生一个购物袋，请他们采购食物。

第二步：学生们从"超市"返回后，将食物按照一日三餐（早餐、午餐、晚餐）和加餐的组合搭配摆放。

第三步：检查学生们三餐和加餐的饮食习惯是否健康，讨论食物的选择。

活动结束后，学生们可以带走（修改后的）健康饮食清单（见表7）。

表7 日常食物需求

单位：千卡/每天

进餐	3~6 岁	6~11 岁	11~15 岁
早餐（15%）	188~274	235~341	298~357
午餐（40%）	501~732	626~910	794~952
加餐（10%）	125~183	156~228	198~238

进餐	3~6 岁	6~11 岁	11~15 岁
晚餐(35%)	438~640	548~796	694~833
总计	1252~1829	1565~2275	1984~2380

如何保存食物？

目标：了解食物保存的重要性，如何保留营养成分，避免危害健康（例如，微生物污染）。

所需材料：基本分类食物（例如，牛奶、肉、胡萝卜等）的模型或图片，家用电冰箱、食物储藏橱、冰柜的模型或图片；季节气候日历模型、健康与营养"基本分类食物"卡片、健康与营养"食物保鲜"卡片、白纸、记号笔、胶水、胶带。

步骤

第一步：向学生们展示不同的食物和不同的保存方法（例如，家用电冰箱、食物储藏橱、冰柜）。

第二步：请学生们讲述他们将如何在厨房的不同区域储存不同的食物。向学生们详细介绍正确储存、烹饪和食用食物的方法，展示变质食物。针对购买、烹饪和储存三个主要环节，与学生们一起讨论如何防止微生物对食品的污染。

学生们可以带走正确保存食物的手册。

注意事项：如果开展的是亲子活动，可以鼓励儿童绘制应季果蔬日历。

DNA 提取

目标：提取 DNA，形成肉眼可见的 DNA 沉淀。

所需材料：一块新鲜的香蕉（约 2 平方厘米）、研钵和杵（或勺子）、两个烧杯（规格为 150~250 毫升，如果没有烧杯，也可以用透明塑料水杯替代）、量筒（分别为 10 毫升和 100 毫升）、纱布，增溶的（洗涤剂或食盐）溶液［准备 200 毫升该种溶液（够溶解 10 块香蕉），将 20 克无碘盐溶解于 180 毫升蒸馏水中，缓缓混入 20 毫升液体洗涤剂（如液体洗碗剂），尽量不要产生气泡］，嫩肉粉溶液［准备 100 毫升该溶液（够溶解 20 块香蕉），向 95 毫升蒸馏水中加入 5 克嫩肉粉，溶液呈现混浊状态］，用于固定纱布的漏斗或橡皮筋，冷却的乙醇（95%，每块香蕉切片用 6 毫升），玻璃搅拌棒，大试管和试管架。

准备

· 首先，捣烂香蕉，放入准备好的溶液中静置几分钟。即使香蕉没有完全捣烂也不影响最终结果，仍然可以析出大量 DNA。

· 用纱布慢慢过滤第一步得到的混合液，大约需要几分钟时间。将 10~15 毫升的滤液溶于 6 毫升乙醇中。

· 可以看到大量的白色沉淀（DNA）生成。加入乙醇后，马上可以看到 DNA 析出的现象，待 DNA 沉淀量增多，小心地用玻璃搅拌棒缓缓旋转，白色絮状沉淀 DNA 会缠在玻璃棒上。如果实验过程中混合溶液或搅拌时过于猛烈，导致 DNA 破碎得特别严重，就无法用玻璃棒将 DNA 缠绕取出。即便如此，DNA 也会在混合液中大量聚集，形成白色团状沉淀。

向学生们解释，本实验肉眼可见丝状 DNA，但不能观察DNA 的厚度、DNA 分子的长度、香蕉细胞数量。

关键问题："DNA 是由哪几部分组成的？""来自不同物体的 DNA 看起来不一样吗？为什么？为什么不？""DNA 为什么是一种黏性物质？""细胞溶解后，溶液为什么变得更黏了？""一个细胞内的 DNA 长度是多少，DNA 的长度与细胞大小相比，哪个长？"（准备 DNA 知识卡）。

消化系统之旅

目标：展示人体消化吸收全过程。

所需材料：玉米片、咖啡或茶、一只碗（模拟嘴）、一个勺子（模拟舌头）、一个滤网、一个筛子、一只捣锤（模拟牙齿）、一个透明塑料袋（1 号袋子：模拟胃）、一个漏斗、一个有弹性的透明长（1 米长、5 厘米宽）塑料袋（2 号袋子：模拟肠道）。

准备工作与步骤：消化系统就像一台有管道和袋子的精密仪器。它专门接收食物，经过机械分解和化学转化，吸收有用的物质，去除无用的物质。

食物进入人体后，完成消化全过程需要 24 小时。在这个过程中，食物分解为简单的、易于人体吸收的物质。消化的第一步从口腔开始，食物通过牙齿的咀嚼、舌头的搅拌、唾液的化学反应，变成小圆块。将玉米片放入碗里，可以模拟口腔中的分解过程。向碗里倒入一些咖啡或茶。用捣锤捣碎碗里的东西（模拟咀嚼动作），然后用勺子（模拟舌头）反复搅拌。小圆块经过食道到达胃里。将"小圆块"倒入 1 号袋子（胃），封上袋口。用手混合袋里的东西，模拟胃壁运动。在胃里，小圆块与胃液混合，食物变成一种叫作"食糜"的液体。它需要大约 2 小时的时间，经过肠道。用滤网过滤 1 号袋子的东西，倒入 2 号袋子中。挤压袋子，将食糜挤到 2 号袋子底部。讨论（胃的）蠕动。记住，肠道长 7 米，分为两部分：小肠（5 米长）和大肠（2 米长），末端是肛门。小肠壁上有许多肠绒毛，不停地收缩和舒张。肠绒毛允许营养物质穿过。无用的物质以粪便的形式从肛门排出。将食糜倒在筛子上，将无用的物质（留在筛子上）与营养物质（通过了筛子）分开。将筛子上的物质（粪便）做成合适的形状。

（翻译：戴天心）

工作坊 3： 能源

亚历桑德拉·扎纳齐（Alessandra Zanazzi）

安娜·波罗（Anna Porro）

罗塞拉·帕兰特（Rossella Parente） *

储存冰块

目标：让观众了解，不同的材料其保温性能也不同。

所需材料：大号和小号纸杯（确保小号纸杯能够放入大号纸杯中，纸杯之间还有空隙）、冰块、毛皮、包装膜、泡沫塑料、沙子、锯末、电热毯。

准备工作与步骤：选择四名观众，发给每人一份冰块和大号、小号纸杯，请他们回答怎样使冰块长时间不融化。然后请他们将冰块放进小纸杯，再将小纸杯放进大纸杯里。在大纸杯和小纸杯之间放入不同的保温材料（第一位观众用包装膜，第二位观众用泡沫塑料，第三位观众用沙子，第四位观众用锯末）。再请每一位参与者告诉场下的观众，各自的杯子里发生了怎样的变化，他们认为哪种材料保温效果最好。可以将杯子

---

* 亚历桑德拉·扎纳齐，安娜·波罗，罗塞拉·帕兰特，那不勒斯科学城教育与科学传播项目合作科学教师，邮箱：porro@ cittadellascienza. it。

放在电热毯上，使冰块加速融化。

发生了什么？保温材料是一种减缓隔热对象与其所处环境之间热传递的材料。

演示中给出的一些材料，例如泡沫塑料，能很好地隔热，也就是阻止了电热毯的热量传导到冰块；其他材料，如沙子，是热的良导体，因此保温性能较差。

吸热：黑色/白色问题

目标：了解不同颜色对热量吸收的影响。

所需材料：一个内壁涂白的塑料瓶、一个内壁涂黑的塑料瓶、两个气球、一盏保温灯、一个计时器。

准备工作与步骤：将气球分别套在两个塑料瓶的瓶口上。用保温灯照射瓶子，同时开始计时。

关键问题："气球会发生什么？哪一个受热更快？"记录每个气球鼓起来的时间。

发生了什么？保温灯的热量穿过瓶子，瓶子里的空气受热后膨胀。膨胀的程度与速度取决于瓶子的颜色。注意，黑色瓶子上的气球比白色瓶子上的气球膨胀得更快、更大。这是因为深色比浅色吸热的能力更强。由于黑色瓶子吸收更多的热量，瓶子里的空气升温快，气球就会快速地膨胀。以地球为例，浅色区域如冰雪覆盖的大陆，冰雪反射太阳辐射，热量散失多。冰雪融化后暴露出土壤，颜色较深的土壤吸收的热量多，从而导致地表温度加剧上升。

羊毛热屏障

目标：展示保温材料的性能。

实验 1

所需材料：两个塑料瓶、一块羊毛织物（围巾或毛衣）、温水和两支温度计。

准备工作与步骤：将温水倒入两个瓶子，将温度计插入瓶子中，用羊毛织物包裹其中一个瓶子。读取温度计上的数值，注意，包裹了羊毛织物的瓶子温度下降得（比另一个）更慢。讨论这一现象，并解释为什么我们要用羊毛来御寒。

实验 2

所需材料：两个玻璃罐、一块羊毛织物（围巾或毛衣）、冰块。

准备工作与步骤：将冰块分别放进两个罐子里，用羊毛织物包裹其中一个罐子。羊毛织物包裹的罐子里冰块融化得更慢。讨论这个现象，并解释为什么生活在沙漠里的人要用羊毛来抵御炎热。

制作温度计

目标：学会制作仪器，以观测温度升降。

所需材料：一个小瓶子、橡皮泥、一根透明吸管（或者小管）、食物染色剂（或者墨水）和温水。

准备工作与步骤：在小瓶里装一些带颜色的水，将吸管放入水里，吸管不要和瓶底接触。用橡皮泥封住瓶口，将瓶子放入温水中（或者握在手里）。观察发生的现象。

发生了什么？瓶子里除了水还有空气。对瓶子加热，瓶子中的空气受热膨胀，导致吸管内水面上升。虽然水也受热膨胀，但空气膨胀才是产生上述现象的主要原因。

是暖还是冷？

目标：评估人体温度感受器对冷与热的反应。

所需材料：三个塑料瓶、温水、混了冰块的水。

准备工作与步骤：分别在三个塑料瓶中倒入温水、冰水、室温水。邀请一位观众一只手握住装有冰水的瓶子（标记为手1），另一只手握住装有温水的瓶子（标记为手2），持续几分钟。然后将两个瓶子放下，用双手握住第三个瓶子（装的是室温水）。双手会感受到两种相反的热感——手1感觉暖，手2感觉冷。

发生了什么？当我们交替接触冷热物体时，人体内的温度感受器对温度的变化更加敏感，手上原有温度的高低影响了温度感觉，使得人体产生了与物体表面实际温度不同的冷热感受。

哪个更温暖：木头还是金属？

目标：展示由于物体导热性的差异，相同温度下的物体，触摸起来会感觉冷热不同。

所需材料：一支温度计、一个金属物体、一个木头物体、一个玻璃物体、一个塑料物体、温水、一个烧杯、一个木勺、一个金属勺。

准备工作与步骤：用手触摸不同的物体，判断哪个物体更热，哪个物体更冷。然后用温度计测量每个物体的温度，对比人体感受到的物体温度与物体表面实际温度之间的差异。

将木勺和金属勺浸入温水中几分钟。哪个勺子变热？为什么？

发生了什么？金属的导热系数较高，传热速度比木头快。

在聚苯乙烯和金属上融化的冰块

目标：测试不同材料的导热性。

所需材料：冰块、形状和大小相同的聚苯乙烯板和金属板。

准备工作与步骤：请观众回答，放在聚苯乙烯板、金属板上的冰块分别需要多长时间才能融化。请观众猜测冰块会如何变化。哪一个融化得更快？

发生了什么？金属板上的冰块比聚苯乙烯板上的冰块融化得更快。金属的导热系数比聚苯乙烯高。因此，热量由金属传到冰块的速度比聚苯乙烯快。

来自太阳的能量：太阳能烤炉

目标：通过对简单现象的直接观察，做一个"太阳能烤箱"，激发儿童的好奇心，请他们观察、提问、做游戏，探究太阳拥有巨大的能量。

所需材料：温度计、制作太阳能烤箱内外结构的纸板（两张）、塑料泡沫支架、贴有铝箔的纸板（作为反射器）、铝箔、铝盘或铝锅、黑色涂料、透明塑料膜、剪刀、小刀、胶水、订书机、黑色胶带。

在晴朗、温暖的天气下进行。

准备与步骤

第一阶段：太阳如何发热

与学生们讨论太阳会发热的特征。

讨论太阳为何会发热。太阳的热量如何传递到地球？学生们通常认为是阳光将热量传递到地球。在很多情况下，他们不会将热量与月球联系起来，因为他们认为"月球本身并不发光"。低学龄段儿童通常难以理解太阳辐射不需要通过任何介质。

然后开始讨论另一个问题，太阳照射下不同物质的温度不一样（例如，穿深色衣服比穿浅色衣服感觉更热）。可以用不同颜色的金属板来演示，证明黑色吸收太阳光的能力更强。金属是一种热的良导体（善于传导热的物体叫作热的良导体）。

第二阶段：太阳能烤炉

借助这个设备，我们可以利用来自太阳的热能。

在大盒子的内侧粘上铝箔，确保铝箔光滑、平整、不起皱。用同样的办法将铝箔粘在小盒子的内外两侧，确保铝箔能反射大部分热，减少热量散失。

将小盒子放进大盒子里面，用保温材料（例如，厕纸、旧报纸等）填充两个盒子之间的空隙。空气也是一种良好的隔热体，可以用塑料泡沫支撑小盒子。

大盒子的外侧代表烤箱的外部，应涂成黑色，以便于尽可能多地吸收热量（如前文所述，黑色吸热效果好）。给大盒子配上盖子，盖子的外表面需要涂黑，内表面粘上铝箔。在盖子上用美工刀挖出一个长方形的洞作为密闭的小窗子，用塑料薄膜盖住小窗子，使得阳光可以照进盒子内部，并在四周粘上黑色胶带或类似的东西。由于温室效应，太阳的热量会聚集到烤箱内部。打开盖子，铝箔会将阳光反射到盖子的窗口上，阳光透过塑料薄膜，烤箱内的热量越积越多。烤箱和反射器都要直接对着太阳。

同样重要的是，在烤箱中使用黑色的铝制容器烹饪（或是热的良导体材料制成的锅具），如图 2 所示。

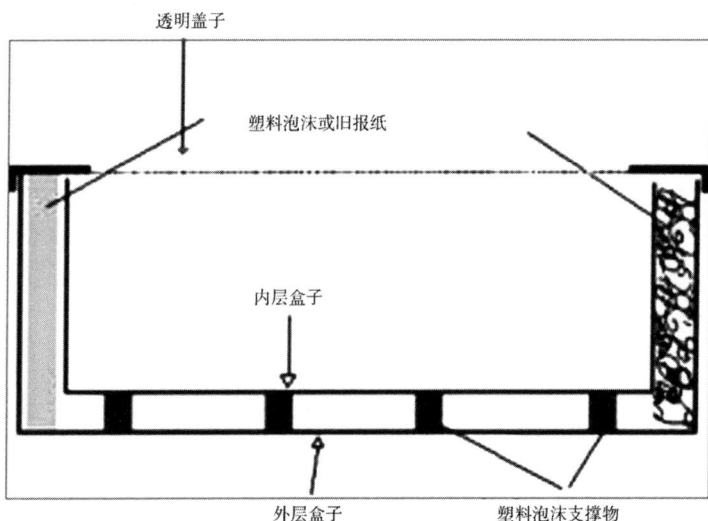

图 2　太阳能炉

第三阶段：验证

这一阶段，我们用烤箱烹饪食物。建议选取那些易于处理并且熟得快的食物，比如苹果块、鸡蛋等。将烤箱放在阳光下，需要 1 小时左右，在此期间你可以去做其他事情。很快你会发现食物的水分开始流失，蒸汽在窗口表面的塑料薄膜上凝结成水珠。就这个现象与孩子们展开讨论。

体验折射

警告：千万不要用放大镜看太阳！这会造成视网膜永久损伤！

警告：不要用激光照射别人的眼睛！这会造成视网膜严重损伤！

目标：展示并讨论折射现象。

所需材料：普列克斯玻璃片、不同放大倍数的放大镜、菲涅尔透镜、滴管、小块普列克斯玻璃、不同尺寸规格的玻璃罐、甘油、烧杯、激光、显微镜用玻璃片、玻璃碗。

准备工作与步骤：水作为放大镜。在透明的玻璃片表面倒几滴水，通过水滴观察，水滴起到了放大镜的作用。透过盛满水的玻璃碗可以观察到相同的现象。这个实验中，观察到的图像是放大的还是倒立的，取决于碗与人眼之间的距离。

消失的玻璃。在玻璃碗中倒入一些水，将玻璃片浸入水中。观察玻璃片是如何消失的。如果在水中加入一些甘油，效果会更好。

偏转的光。用激光照射一块普列克斯玻璃，你会看到激光从空气射入玻璃中，光的传播方向发生了改变。

发生了什么？折射是因为波的传播速度改变导致波的传播方向改变。这是波从一种介质进入另一种介质时最常见的现象。

（翻译：戴天心）

工作坊 4： 环境

古列尔摩·马格里奥

里卡尔达·迪奥诺弗里欧（Riccarda D'Onofrio）[*]

观察细胞

注意：务必在成人的帮助下使用剪刀或者手术刀！

目标：观察并描述细胞的基本结构。

所需材料：显微镜、洋葱、镊子、手术刀、显微镜载玻片、盖玻片、碘酒染料、纸和铅笔。

系列实验一：细胞核和核仁

观察洋葱球茎的细胞结构——细胞核、核仁。

（1）用镊子撕取洋葱内表皮，也就是一小块透明薄膜。将薄膜放在显微镜载玻片上，并滴上一滴水。

（2）将这块膜伸展开或抻平。在载玻片上加一滴水和一滴碘酒染料，用盖玻片盖好。

---

[*] 古列尔摩·马格里奥，那不勒斯科学城展览与活动部，邮箱：maglio@cittadellascienza.it；里卡尔达·迪奥诺弗里欧，那不勒斯科学城教育项目部。

（3）在扫描倍数下寻找细胞，然后更换目镜，在低倍数下观察细胞。注意细胞类似砖块形状的外观。每个细胞的外表层是细胞壁。细胞壁塑造了细胞形态，对植物起到支撑作用，进而确保植物细胞的生长。细胞壁内侧的一层膜是细胞膜，普通的光学显微镜不能观察到细胞膜的结构。

（4）试着在每个细胞中寻找小的球形结构——细胞核。细胞核内有 DNA，它通过化学信息控制细胞活动。细胞核由核膜包裹着。

（5）在纸的空白处绘制细胞结构图，标出细胞壁、细胞膜、细胞核和核膜。

（6）选取一个细胞核置于显微镜的视野正中央，调到高倍数。在细胞核内部有两个致密小体，称为核仁。核仁产生一种被称为 RNA 的化学物质，它往来于细胞核和细胞质之间，负责传递遗传信息（DNA 的化学信息）。

（7）在绘制的细胞示意图上，画出核仁并做标记。

（8）调到扫描倍数，将玻片从镜台上取下。清理玻片，准备在第二个部分中使用。

系列实验二：叶绿体

在大多数绿色植物的细胞中发现的另一种细胞器就是叶绿体。蕴草是一种常见水生植物，很适合用来观察这些结构。叶绿体在植物细胞内负责光合作用，后者是绿色植物利用阳光，将二氧化碳和水转化为糖分子的过程。

（1）从生长端取一片蕴草的小叶（远离茎的一端），将它放在载玻片上，加两滴水，盖上盖玻片。

（2）在扫描倍数下寻找这个小叶，然后调至低倍数。移动样本，可见小叶的边缘带有一些绿色的长方形细胞。像所有植物细胞一样，它们被细胞壁包围，内部有一层细胞膜。

（3）每个细胞内绿色、小型的细胞器就是叶绿体。叶绿体含有叶绿素，使植物呈现绿色。用一分钟时间观察这些细胞，有机会看到叶绿体在细胞内移动。

（4）在纸的空白处绘制细胞结构图，标出细胞壁、细胞膜和叶绿体。

（5）调到扫描倍数，取下盖玻片，在载玻片上加一滴碘酒。把盖玻片重新盖上，先在低倍数下找到细胞，再用高倍数观察，找到细胞核。把它加入细胞示意图中并且做标记。

（6）在蕴草细胞中，叶绿体并没有填满细胞壁内的所有空间。这是因为液泡占据了整个细胞的绝大部分空间。液泡内的水分有助于植物生长。在示意图中，标出可能是液泡的那部分空间。

（7）观察。调到扫描倍数，请老师拿着他的滴管往你的载玻片上滴入少量盐水。观察这些细胞一分钟，看看细胞壁内部的物质发生了什么变化。

（8）加入盐水后，在纸的空白处画出细胞发生的变化。此时可以观察到细胞膜。在你的画上标出细胞壁、细胞膜和叶绿体。

（9）调到扫描倍数，将载玻片从镜台上取下。清理玻片，以备在第三部分使用。

系列实验三：白色体

马铃薯在生长过程中产生并存储淀粉。淀粉以小颗粒的形式存储在质体中，质体是植物细胞特有的细胞器，它可以存储淀粉或化学色素。白色体是质体的一种，具有存储淀粉的功能。由于马铃薯生长在地下，不受阳光照射，所以它不含叶绿体。

（1）在载玻片上滴一滴水。削下一小片马铃薯，向玻片上加一滴碘酒，盖上盖玻片。

（2）在扫描倍数下找到马铃薯细胞，再调到低倍数。黑色区域是白色体里面的淀粉颗粒。马铃薯细胞的细胞壁一般包裹两到三个淀粉颗粒。

（3）在纸的空白处绘制一到两个马铃薯细胞的细胞结构图，标出细胞壁和淀粉颗粒。

（4）调到扫描倍数，将载玻片从镜台上取下。清理玻片，以备在第四部分使用。

系列实验四：动物细胞

动物细胞是观察细胞膜的最佳样本，因为它的外部没有细胞壁。动物细胞也很适合用于观察细胞质，因为它们不含充满水的液泡。

（1）准备一份口腔细胞样本的玻片，就像做上一个实验那样，往玻片上滴一滴水。用牙签的平端，轻轻刮你的口腔内壁以获得一些细胞。

（2）将牙签的末端在水中搅动几下，加入一滴亚甲基蓝。盖上盖玻片，在扫描倍数下定位细胞。

（3）将一些口腔细胞置于显微镜的视野中央，然后调到低倍数。选取两到三个分散开的细胞，置于视野中央，调到高倍数。根据需要，通过控制光圈来调整视场的明暗。

（4）你能看到细胞膜包裹着细胞、细胞核及核膜。细胞膜与核膜之间的物质就是细胞质。

（5）在纸的空白处绘制细胞结构图，标出细胞膜、细胞质、细胞核与核膜。

（6）仔细观察细胞质，可以看到细胞质的表面是粗糙的，不光滑。这是因为细胞质含有很多结构微小的细胞器，包括内质网、核糖体和高尔基体等。

（7）调到扫描倍数，将载玻片从镜台上取下。清理玻片，盖上盖玻片，将它们物归原位，放回适当的容器中。

一滴水中的生命

目标：用显微镜观察一滴池塘水中的生物。

所需材料：现取的池塘水、透明玻璃瓶（一个或几个）、玻片、滴管、手持透镜、显微镜、"池塘生物鉴别包"一套。

步骤：摆好显微镜，请大家用手持放大镜和显微镜观察池塘水中的微生物。试着用《池塘生命》指导手册来识别这些生物。引导教师和学生讨论单细胞生物与多细胞生物如何满足对食物、水和空气的需求。也可以讨论大型生物与微生物的类似需求。

豆子的幼苗

目标：准备两份样品，识别豆子的不同部位并讨论它们的功能。

所需材料：约 50 颗豆子、一只碗、水、"豆子的各个部分"卡片、透明盒子、纸质圆盘、泥土、花盆。

准备工作：样品 1——将两粒豆子放入装有湿纸盘的透明

盒子里；对其他豆子进行同样操作，每天一次，重复几天。确保所有吸水纸盘保持湿润，以便让豆子发芽。几天后，你会看到豆子生长发育的不同阶段。样品2——将豆子放在碗里，倒入水，没过豆子。浸泡一夜。

步骤：问问观众是否能认出样品1中植物的不同部位，并请他们讨论这些部位的功能。每个人，包括讲解员在内，都会拿到一粒样品2中的种子。讲解员用自己取到的种子进行演示，去除种子外皮、分离两个子叶。

注意：必须轻轻地对种子突起的一侧施压。然后可以将种子的不同部位与卡片上的图案进行对比。观察种子的不同发育阶段，讨论豆子种子不同部位的功能。

发生了什么？打开豆子，可以看到一个微型植物，即植物胚芽。豆子各部位的功能分别是：外皮——种子的保护层；子叶——含有幼苗生长过程中所需的营养（淀粉）；胚芽——产生叶子；胚轴——产生茎；胚根——产生根系。

根在哪里？

目标：强调根在植物新陈代谢中的作用。

所需材料：一个盘子、晒干的麝香锦葵。

准备工作：①将麝香锦葵晾晒几天。②将麝香锦葵放入盛满水的盘子中。1小时后，你会观察到盘中的水消失了。

步骤：关键问题，"水去哪了？"邀请一位观众挤压麝香锦葵，看看挤出了多少水。

发生了什么？麝香锦葵像海绵一样，吸收和存储大量水分。麝香锦葵没有毛细管（植物体内液体循环的极小通道，也是含水的细胞器），但它能够吸收大量水分（是它自身重量的十倍）。麝香锦葵能经受长时间的干旱，有助于保持森林土壤湿润，为其他遭受干旱的植物提供存活机会。

染色的芹菜

目标：演示水分在植物茎干内的运输途径，以及膨压变化对茎部产生的影响。

所需材料：两根芹菜、红色食用染料、水、两个玻璃杯。

准备工作：在两根芹菜叶柄的底部各切一个小口。往两个玻璃杯中倒入一些水，在其中一个杯子里加入半茶匙红色染料。将一根芹菜放入无色的水中，另一根放入红水中，静置一夜。

实验过程：泡在红水中的芹菜变红了（叶子也变成红色）。颜色改变是因为水分沿着植物组织向上运动。关键问题，"毛细管是细是粗？"植物的毛细管很细，水分顺着毛细管上升。向学生们提一些关于毛细管作用的问题，并展开讨论（记住，由于重力的作用，水分上升的高度不会超过 1 米）。发生了什么？水分沿着木质部上升，木质部中含有的导管上下贯通整个芹菜。使植物直立并保持一定姿态，起主要作用的就是植物细胞中的水分。如果植物缺水，它的细胞就会萎缩，茎叶就会下垂。蔬菜细胞中的水分形成一种力，叫作膨压。毛细现象是水分子在细管状物体内侧，由于内聚力和附着力的差异而产生的。毛细作用下，水上升的高度不会超过 1 米；在所有植物中，包括最高的树，还存在着另外两种力——根部渗透作用和叶的蒸腾作用（水以蒸汽形式从叶子表面流失）来保证水分上升的高度。叶的蒸腾作用尤其重要。由于水分子之间的内聚力，水从植物根部上升到叶片，补充由于蒸腾作用散失的水分。

"好客"的根系

目标：展示根系对于稳固土壤的重要性。

所需材料：一个水槽、小刀、带草的土壤、水。

准备工作：将水槽纵向一分为二，分别装入松软的泥土。在其中一份中播下草种，定期浇水两周，直到幼苗完全长大。为了加速准备工作的进度，可以选择直接铺上草皮（从草地直接取一块草皮）。

实验过程：向观众展示这两个容器并解释它们之间的区别。然后请一名观众在两个容器内倒入一些水，问他们会发生什么。在长草的容器中，土壤保留住水分，多余的水分流走，而装有松软泥土的容器中，水都流走了，并且水的流动带走了表面的土壤（土壤侵蚀）。关键问题，"观察到的现象与滥伐森林、洪水有什么关系？"

发生了什么？这个实验展示了土壤是如何流失的。即使在强降雨天气下，植物的存在也能够防止山坡上的泥土被流水冲走。森林遭到破坏（砍伐、火灾等）后容易形成河流或泥沙淤积，导致河流水位上升，造成严重的灾难。

叶子的颜色

目标：分离并识别叶绿素和类胡萝卜素（叶子的色素）。

所需材料：叶子、小罐子若干个、罐子盖、铝箔或塑料膜、医用酒精、咖啡滤纸、一只浅盘、热水、胶带、笔、塑料刀或勺、钟表或计时器。

准备工作和步骤：收集不同树种的叶子。将叶子切碎，放入小罐子中。在每个罐子中加入足量的医用酒精，没过叶子为宜。用盖子、塑料膜或者铝箔盖住罐子。小心地将罐子放入托盘中，托盘内装有高 3 厘米的热水。将罐子在热水中静置 30 分钟，直到酒精变成深色（颜色越深越好）。每隔 5 分钟，轻轻晃动每个罐子。然后将滤纸剪成若干个薄薄的长条，并做好标记。将罐子从热水中取出并打开盖子。将滤纸放在罐子中，使其一端浸入酒精。酒精会顺着滤纸向上扩散，颜色也随之分离。等一小时或更长时间后，随着酒精从滤纸中挥发出来，颜色会扩散至滤纸不同的位置。可以看到滤纸条上有不同颜色的色素带——绿色、黄色、橙色或红色，这取决于叶子的种类。将滤纸从罐子里取出，晾干后，用胶带把滤纸粘在一张白纸上。

发生了什么？叶绿素是蔬菜细胞中含量最丰富的色素，因此我们看到的蔬菜是绿色的。含量第二的是类胡萝卜素（较常见的是红色、黄色，决定水果和花朵的颜色）。本实验按照"纸色谱法"分离叶绿素和类胡萝卜素。"色谱法"直译为"用颜色记录"。提取分离的原理是不同的色素在有机溶剂中的溶解度不同。溶解度低的色素，如叶绿素，扩散得慢，而溶解度高的色素，例如黄色类胡萝卜素，则扩散得快。

花朵的盛开

目标：展示水通过毛细作用而上升。

所需材料：索引卡、剪刀、彩色铅笔、罐子、水。

准备工作：①在索引卡上画一朵花；②用彩笔涂上颜色，将花剪下来；③把花瓣向里对折，使每一片花瓣的顶端重叠；④将"花苞"放在水面上，可以看到花苞浮起来、慢慢展开。

步骤：邀请学生们制作花朵，将花朵放在水面上。过了一会，可以看到纸花在水中盛开的现象。组织学生就现象进行讨论，给出一些简单的例子，讨论毛细现象。

发生了什么？毛细现象将花撑开了。水缓慢地浸润到纸的纤维缝隙中，这些细小的纤维就像管道一样，纸吸了水，膨胀产生的力就把花瓣撑开了。

授粉

目标：讨论并思考授粉。

所需材料：纸。

准备：将纸剪成小片（花粉颗粒），从观众中选出一名男孩（雄花）和一名女孩（雌花）。男孩（雄花）和女孩（雌花）相隔 2 米，男孩（雄花）将小纸片吹向女孩（雌花）。之后，另一组男孩（雄花）和女孩（雌花）同样保持 2 米的距离；这次，男孩（雄花）将小纸片（花粉颗粒）交给另一个男孩（昆虫授粉者），由授粉者将花粉带给女孩（雌花）。两种传播花粉的方式，哪一种更有效？

罐子里的水循环

目标：认识水循环。

所需材料：野营炉、两个大小不同的烧杯、透明薄膜。

准备工作与步骤：水是什么？水是一种化学物质——它无味、无色，却是地球上所有生命所必需的。概念介绍，根据不同温度，水以三种形态存在：固态——冰；液态——液态水；气态——水蒸气或云。

地球表面的 70% 覆盖着水。水在地球表面与大气层之间不断进行循环。将一锅水架在野营炉上，把水烧开。向小烧杯中倒入一些热水，再放进大烧杯里，用透明薄膜盖住。在活动结束时，你会发现大烧杯里也有一些水。烧杯里发生了什么？在讲解员的辅助下，讨论蒸发与冷凝。

发生了什么？这个简单的实验有助于理解水是如何在地球表面与大气之间转移的。太阳辐射使水从海洋、河流和湖泊表面蒸发，形成水蒸气。随着水蒸气上升，它会逐渐冷却，凝结成液态的小水滴。这样就形成了云，植物也会失去水分（称为蒸腾作用）。随着云团温度逐渐降低，云中的小水滴逐渐聚集在一起，变得越来越大。最终，它们以雨、雪、雨夹雪或冰雹的形式落入海洋或地球表面。通过陆上、海上的内循环，水蒸发回到大气层，称为小循环。

海洋和陆地之间水的往复运动，有两种可能：①水渗入泥土，一部分下渗的水停留在岩石或黏土层，这种叫作地下水。②水在地球表面流动。水基本上是向低处流动的，最终流回海洋和湖泊，称为大循环。

"披雨衣的土壤"

目标：评估不同类型土壤渗水性的差异。

所需材料：四个塑料瓶、纱布、防水胶带、剪刀、水壶、水、砾石、沙子、土壤、黏土。

准备工作：将每个塑料瓶底部裁剪掉，用纱布包裹住瓶口，制成漏斗。将不同种类的土壤分别装入漏斗中，到达的高度约为漏斗的 1/3。

实验过程：引入"渗透性"的概念并请学生们进行讨论。

邀请一名学生将等量的水分别倒入漏斗中。让学生们观察并记录每个漏斗里水流过土壤的时间。在活动结束时，请学生们根据渗水的快慢对土壤进行分类。关键问题："哪种土壤能够锁住更多水分？""哪种土壤流失更多水分？""生活中哪些地方可以看见土壤渗透水分快慢的例子？（例如，沙子、有小坑的黏土路）"渗水程度分级：①砾石（渗透性最高）；②沙子；③土壤；④黏土（不吸水）。关键问题："哪种土壤最适合种菜？为什么？""哪种土壤最适合种植仙人掌？为什么？""哪种土壤最适合种植水稻？为什么？"

发生了什么？土壤颗粒之间的空隙越大，土壤的渗透性就越强。因此，由小石块组成的砾石颗粒之间空隙大，水从中透过的能力强，因此渗透性好。黏土是由微小颗粒构成的，颗粒之间空隙小，水难以从中渗透，因此渗透性差。

大部分陆生植物更适合生长在疏松的土壤中，因为土壤可以供给和协调植物生长发育所需要的水分，并排掉多余的水分，否则很可能导致根系腐烂。陆地沙子很适合肉质植物（如仙人掌）生长，在后者的原生地，降水极其稀少，为适应当地环境，仙人掌拥有庞大的根系，长而浅的根部能够在降雨时大量吸水。而黏土的空隙小，保水性好，有利于根短而浅的植物生长。天然池塘的土壤以黏土为主，对淡水水生植物（如睡莲和纸莎草）的生长而言是十分重要的。

温室效应

目标：①展示阳光（太阳辐射）能够使大气温度增高；②证明温室环境比四周的开放环境更容易升温；③对比暖和的房间"温室"与温室气体、气候变化等概念。

所需材料：半个干净的塑料地球仪；两个小温度计；两个纸制罩子，用于遮挡温度计免受阳光直射。如果在室内或在多云的天气下进行实验，还需要一盏 100～200 瓦的泛光灯。需要准备电源、接线板，以备不时之需。实验需要在稳定的桌子或木制推车上进行。如果实验使用的是浅色桌子，用黑纸覆盖温度计和塑料地球仪。在户外直射阳光下或室内有大瓦数灯泡照射的环境中进行实验，效果最好。

准备工作与步骤：在稳定桌面或者地上摆放两个温度计，都用罩子罩住。用塑料地球仪罩住其中一支温度计。计时 10 分钟，与此同时，可以向学生们介绍温室效应的相关内容。10 分钟后，查看温度计、记录下温度计的读数，比较哪支温度计的读数更高。邀请学生们发表对这种差异的看法。

发生了什么？无遮盖的温度计读数低，展示了没有温室效应的生活是什么样子的。塑料地球仪内部的空气温度高，热量在有限的空间里聚积，受到地球仪的限制，无法与地球仪外部的冷空气形成对流。虽然温室效应是自然界发生的、客观存在的（为地球生命存续所必需），但人类的行为如燃烧化石燃料、砍伐森林等，加速了温室效应。这些行为向大气中排放了更多的温室气体，尤其是二氧化碳。

蒸馏水

目标：了解植物根系的作用。

所需材料：两个玻璃杯、腐质土、20 厘米长的纸巾、水、茶匙、盐。

准备工作与步骤：将一些腐质土和盐放入一个玻璃杯中并混匀。向杯里倒入一些水，制成泥浆。将纸巾拧成一股，将

"纸绳"的一端插入泥浆中。另一端放入另一个空的玻璃杯中，等待 1 小时。用你的手指在第二个玻璃杯里蘸一下，尝一尝，是咸的！

发生了什么？纸巾吸收了腐质土所含的水分。水分沿着纸巾的纤维移动，进入第二个玻璃杯。水沿着纸巾流入空杯中，腐质土无法流入空杯，同时由于水中加入了盐，因此第二个杯子里的水尝起来是咸的。这个实验展示了植物根系能够从土壤中吸收矿物盐的现象。

培养霉菌！

目标：确定能够产生青霉素（抗生素）的霉菌生长的环境条件。青霉菌是常见的一种绿色霉菌，生长在面包、水果（如橘子、柠檬等）表面。

所需材料：三个透明塑料食品袋、两个橘子、两个柠檬、一片面包、一些吸水棉、一只滴管、一根橡皮筋、水。

准备工作与步骤：①将橘子和柠檬在地上来回搓一搓，放置一整天。在两个塑料袋里各放一个橘子、一个柠檬与一沓沾了水的吸水棉。将每个袋子密封，一个放在暗处，另一个放进冰箱里。每天观察、记录袋子里水果的状态，持续 2 周。②用滴管在面包上滴 10 滴水，放进第三个袋子。将袋口扎紧密封，放在避光、密闭的地方。每天检查面包，持续 5 天。

发生了什么？冰箱里的橘子和柠檬看上去没有变化，而暗处的橘子和柠檬表面长了一层蓝绿色的毛，也就是霉菌（青霉菌）。霉菌青睐温暖的环境，同时潮湿的环境更有利于霉菌生长。在夏季，食物发霉非常常见。以面包为例，表面出现黑点，使它变成了"霉面包"。霉菌的孢子在空气中和面包表面散播，潮湿会使这个过程加剧。

打造霉菌小屋！

目标：探究霉菌的益处。如果食物上出现了霉菌，多半意味着食物已经不新鲜了。但某些食物（例如某些种类的奶酪）会因为霉菌而变得更加鲜美可口！

所需材料：几片面包、奶酪、水果、蔬菜、一个铝盒、花园土或腐质土、塑料膜、橡皮筋、放大镜。

准备工作与步骤：将花园土或腐质土放入铝盒里，土层厚度为2~3厘米，将食物切块后放置在土层上，这样就做成了一个霉菌小屋。给土层浇水后，用塑料膜覆盖整个霉菌小屋，用橡皮筋扎紧。将霉菌小屋放在潮湿的暗处，每天检查，必要时浇水。3~4天后，食物表面会出现一些彩色斑点（蓝色、灰色、白色）。将塑料膜揭下来，靠近后可以闻到一股难闻的气味。不要凑近去闻或吸入霉菌！用镊子取一些白色霉菌放在一块黑布上，取一些深色霉菌放在一块白布上，用放大镜或显微镜观察霉菌。

发生了什么？霉菌适宜在温暖、潮湿、氧气充足的环境中生活。潮湿的食物为它的生长提供了理想的环境。霉菌是一种真菌，它没有叶绿素，需要从其他有机物中汲取养分。真菌在我们生活的环境中、衣服上，甚至皮肤上都大量存在。

（令生物）窒息的油

目标：展示油在水面上的扩散效果。

所需材料：一个玻璃杯、水、吸管、油、镜子。

准备工作与步骤：向玻璃杯里倒半杯水。倒入足够的油，直到形成厚厚一层。将吸管插入水里，把镜子放在一侧，确保自己可以通过镜子观察玻璃杯里的现象。将吸管伸进水里吹气，会产生一些小气泡，小气泡在水中的上升速度比在油中快。一些小气泡成功突破了油形成的屏障，释放到空气中，而另外一些气泡则被困在油里。油阻止了水与空气之间的气体交换。如果泄漏的石油浮在海洋的表面，会对海洋生态平衡造成干扰和破坏。

石油与鸟类

目标：观察石油对鸟类羽毛的影响。

所需材料：海鸟的羽毛、用过的矿物油、水。

准备工作与步骤：将羽毛放进水中，捞出晾干，放在显微镜下观察。将羽毛放在油中，捞出干燥后再放进水里，捞出后放在显微镜下观察。注意观察它们的区别。

发生了什么？石油使鸟类羽毛的结构受到了不可逆的损坏，石油将羽毛上的细丝黏结在一起，影响鸟类的飞行能力，甚至使它们无法飞翔。

吃垃圾的虫子！

目标：对我们日常生产生活中产生的一些垃圾进行回收再利用，制作堆肥。讨论垃圾经过一系列生物化学反应后，成为有机肥料需要经过哪些过程。

所需材料：显微镜、蚯蚓、蜈蚣、霉菌、发酵食物、堆肥制作说明。

　　准备工作与步骤：引入话题——垃圾；讲解如何在家制作堆肥。向观众展示如何使用生物来制作堆肥。第一步，展示蜈蚣。观察它的行为和主要解剖学特征，并展开讨论。观察过程中请学生们小心地触摸蜈蚣，以免压坏它们。第二步，展示蚯蚓。禁止学生触摸。需要提前向学生们解释：蚯蚓非常脆弱，不要随便触摸它。蜈蚣和蚯蚓的排泄物，形成细腻的球状小颗粒，增加了土壤的透气性和肥力。向学生们分发在家制作堆肥的指南。

（翻译：戴天心）

工作坊 5： 音乐与科学

马里奥·坎帕尼诺（Mario Campanino）*

沙的共振

目标：演示共振。

所需材料：铃鼓、细沙（砂糖或大米）、金属浅盘、两支频率相同的音叉。

准备工作与步骤：将细沙（砂糖或大米）放在铃鼓的鼓面上，紧挨着铃鼓放一个金属浅盘。敲击金属浅盘，铃鼓的鼓面随之振动，会看到沙粒在跳动。取两支音叉紧紧挨在一起，轻敲其中一支音叉，另一支音叉也开始振动发声。试试不同的乐器，用两个相同的弦乐器重复上述实验，拨动其中一件乐器的一根琴弦，会看到第二件乐器上同一频率的琴弦也开始振动。

发生了什么？敲击弹性体时，会产生一种特殊的声音。声音取决于物体的形状、大小和密度。如果在一个弹性体附近制造与该物体振动频率相同的声音，由此产生的波在空气中传播，会引起该弹性体振动。这种现象叫作共振。

* 马里奥·坎帕尼诺，那不勒斯科学城教育与科学传播项目，邮箱：
campanino@ cittadellascienza. it。

沿绳传播的波

目标：演示沿绳传播的波，以模仿乐器琴弦的变形。

所需材料：三到四根弹性绳子（软绳）。

准备工作与步骤：一位学生手握软绳的一端，第二位学生手握软绳另一端将绳子拉直，第三位学生在其中一个末端拨动这条绳子，像拨动吉他上的琴弦一样。可以清晰地看到绳子会振动，绳波传递的运动状态（波形就是该绳子静止部分与被拨动部分所组成的三角形）沿着整条绳传递，到达另一端后又沿绳反向传播。

学生们可以分组重复同样的实验。之后他们观察弦乐器上弦的振动，试着辨识他们在弹性绳子上观察到的绳子的振动。

发生了什么？当拨动绳子，你就向它传递了一些能量，能量沿着绳子传播。当能量接触到握住绳子的手时，就不再继续同一方向的传播，而是在同一绳子上沿着相反方向传播。

波的计数

目标：测量波的频率。

所需材料：三到四根弹性绳子、计时器。

准备工作与步骤：重复"沿绳传播的波"实验，让学生了解波的传播。增加实验步骤，新加入的学生需要告诉那个拨动绳子的学生，停下拨绳的动作，10 秒后再继续开始拨动绳子。两位学生分别手握绳子末端，统计这 10 秒内到达绳子末端的波动次数。计算每秒的波动次数，这个数值就是频率。

发生了什么？绳子振动的频率与绳子的材料、粗细和张力有关。不同的速度会产生不同的振动频率。如果改变张力或绳子的长度，会观察到不同的频率。

绕着玫瑰花环起舞

目标：模拟波的形式。

所需材料：一个球。

准备与步骤：七到八名儿童站成一列。所有的孩子都举起一只手。队列中第一个孩子将球（用来模拟声源）传给第二个孩子，第二个孩子把球传给第三个孩子，以此类推。当球传到队列中最后一个孩子，他要将球传回给他前面的孩子，这样，球（声波）就沿着队列返回。

发生了什么？孩子们模拟声波在弹性物中运动的特征：当声波遇到障碍物时，会被反射回来。

大声和小声

所需材料：不同大小的乐器。

准备工作与步骤：将一些不同大小的乐器按从小到大的顺序排列，摆在桌上。按从大到小的顺序弹奏乐器，再按从小到大的顺序弹奏一次。关键问题，"声音是升高了还是降低了？"请学生用肢体动作模拟声音的增强和减弱（例如，学生们可以一边弹奏乐器，一边弯腰或站起来）。请学生们跟着乐器的声音弯腰或站起来。讨论为什么乐器会发出不同的声音。

发生了什么？不同大小的乐器能发出不同音高（频率）

的声音。正如你在"波的计数"实验中看到的那样，物体越小，频率越高。如果声音的频率高，人就能听到尖锐的声音，如果频率较低，则听到低沉的声音。

啵嘤声

目标：展示不同种类的波（纵波、横波）及其频率。

所需材料："机灵鬼"弹簧。

准备工作与步骤：握住"机灵鬼"的一端让它自由摆动（每个孩子都能做到这点）。"机灵鬼"按简谐运动的规律来波动。"机灵鬼"长的那部分，摆动频率低；短的那部分，摆动频率高（学生们可以通过估算波沿着"机灵鬼"传播的时间来生成不同的摆动频率）。

将"机灵鬼"放在桌上保持不动，可以看到两种类型的波：横波（如果拨动它）和纵波（如果按压再松开它）。最后，将一条胶带粘在"机灵鬼"上，展示"机灵鬼"不运动的情况。

发生了什么？当你左右拨动"机灵鬼"，可以看到横波（乐器产生的波）。而当你上下拨动"机灵鬼"，可以看到纵波（空气中的声波）。

尺子与激光

目标：展示弹性物振动的过程，引入波形的概念。

所需材料：一把金属尺、一支激光笔、一个小镜子、一张桌子、纸板。

准备工作与步骤：把尺子竖着放，一端固定在桌子外缘，让尺子直立。将小镜子固定在尺子的上端。打开激光笔，将激光对准镜子，调整方位确保纸板上反射出激光亮点。当尺子摆动时，可以看到亮点以尺子的摆动频率在纸板上来回移动。

发生了什么？物体的振动可以用振动点表示。如果亮点能在纸上留下移动的踪迹，并且纸在纸板上移动，你会看见振动物体产生的波形（具体内容可参考"电脑上的声音"实验）。

电脑上的声音

目标：展示不同形式的波，引入音色的概念。

所需材料：一台安装了声音编辑软件的电脑、一台显示器、一只麦克风、若干连接线。

准备工作与步骤：声音编辑软件能够生成波形图像，用来表示人们发出的不同声音。讨论波形图之间的区别。

发生了什么？每个人、每个物体（包括乐器）发出的声音都是特定的，这叫作"音色"。没有任何两个人的音色是完全相同的，同一个厂家生产的两把小提琴也绝不会发出同样的音色！向电脑输入不同的声音，会生成不同的波形，就证实了这点。

（翻译：戴天心）

第六部分
技术附录2——其他活动及项目

科学中心为中东地区和平助力项目

安娜-玛丽·布吕亚 *

2002 年，在欧洲科学中心暨科技馆协会的会议上，那不勒斯科学城与耶路撒冷圣城大学、耶路撒冷布卢姆菲尔德科学博物馆、联合国教科文组织和欧洲科学中心暨科技馆协会共同设立了一个重要项目，以促进中东地区的和平与对话。

项目旨在促进巴勒斯坦重建一个全新的、更光明的未来，不仅仅依靠外交手段，还依赖各方齐心协力朝着同一个目标前进，将推进和平进程付诸具体实践。这个项目包括在耶路撒冷圣城大学建立一家科学中心，即以互动方式为主的科学技术博物馆。令人欣喜的是，这个概念一经提出，立即赢得包括耶路撒冷希伯来大学、那不勒斯大学、安德烈大学和查尔斯·布朗夫曼慈善机构（ACBP）在内的权威科学机构的支持。

该项目致力于促进巴勒斯坦普及科学技术知识，主要有三个目标：①通过建立一家向公众开放的文化教育机构，增强巴勒斯坦民众的国家身份认同感，从而有助于公众达成共识；

---

* 安娜-玛丽·布吕亚，那不勒斯科学城国际项目部，邮箱：bruyas@cittadellascienza.it。

②为教育系统提供支持，并为该地区发展做出贡献；③通过在文化、教育以及技术创新等领域的合作，促进中东各群体之间的对话，加深相互理解。

由于这项倡议，国际社会上参与促进科学发展的多家知名机构充分认识到这个项目的重要性，该项目不仅能够促进巴以各个地区之间的文化、信息交流，还有助于实现巴以共同的目标。参与倡议的机构成立了一个国际委员会以督促项目实施。科学中心建设总体工作时间表如下：

·2003 年 6 月 17 日至 18 日，发起倡议各方在那不勒斯科学城举行了第一次国际研讨会。

·2003 年 9 月底至 10 月初，完成可行性研究报告草案，并在接下来的几个月内修改完善。

·在联合国教科文组织和坎帕尼亚大区的资助下，举办了一场国际海报展。展览于 2003 年 11 月 10 日开幕，在欧洲地中海地区以及世界其他地区的 200 个城市同期举办，是联合国教科文组织"争取和平与发展世界科学日"活动的一部分。

·得益于"欧洲和平伙伴关系"计划的资助，来自三个不同地区的专家组成的团队策划了一个主题为"遇见数学"的巡回展览，展览面积约 500 平方米。

为实现该展览的总体目标，项目组采取了一系列方法打造展览、梳理数学发展史，以促进跨文化对话与合作。"遇见数学"展览的首站是那不勒斯科学城，然后移至耶路撒冷的布卢姆菲尔德科学博物馆，最后在东耶路撒冷的耶路撒冷圣城大学展出。展览得到了那不勒斯当地机构和私人捐赠者的捐助，包括场地所用的帐篷等。

·针对巴勒斯坦工作人员的展览培训工作，由那不勒斯科学城和耶路撒冷布卢姆菲尔德科学博物馆负责组织实施。

用科学的共同语言分享知识，鼓励和促进各个地区之间的对话与合作，从而有助于建立一个基于知识、宽容和相互尊重的社会。受益于这个项目，巴勒斯坦第一家科学中心已建成，成为通力合作、共赢发展的例证。

（翻译：冯溦）

应对气候变化行动的公众参与、联合行动、工具（ACCENT）

弗洛拉·迪·马尔蒂诺[*]

"应对气候变化行动的公众参与、联合行动、工具"（ACCENT）是欧盟委员会第七研究框架计划"社会中的科学"资助的一个项目，成员包括伊迪斯基金会以及14家来自欧洲、以色列的机构。

气候变化问题是如今公众日益关注的热点之一。近年来，公众借助各类媒体，获取大量关于气候变化的信息，包括产生气候变化的原因及后果。然而，与气候变化过程有关的现象和问题非常复杂且信息量巨大。公众和年轻人可以利用互联网媒体和其他媒体轻松获取有关气候变化的大量、深入的信息，而他们往往缺乏足够的能力科学地评判信息、证据，并形成自己的观点。[①]

此外，应对气候变化问题，需要社会参与，制定有效的战略适应和减缓气候变化，采取措施将气候变化的影响降至最低。在这个方面，有必要了解公众愿意采取哪种新的可持续生

---

[*] 弗洛拉·迪·马尔蒂诺，那不勒斯科学城教育与科学传播项目合作科学教师，邮箱：dmartino@ cittadellascienza. it。

[①] 只有让人们独立面对不同的知识，进行深入的实践验证、自我拷问和思考，才能锻炼人们对知识的自我辨别加工能力。

活方式，以降低气候变化的负面影响。

参与 ACCENT 项目的 15 家科学中心、科学博物馆以及水族馆等相关机构共同实施了一项联合行动，旨在使双方交流更趋完善，加强与科学共同体的合作，共同应对气候变化问题。

ACCENT 项目通过在全球范围内交流与传播最佳范例，采取具体措施鼓励公众参与对话并付诸实践，对推动气候变化运动由"提高认识"阶段迈向"积极行动"阶段做出了贡献。

ACCENT 项目采用的是欧洲参与式的活动方式，15 家机构在同一个体系内共享经验，并向欧洲民众提供互动性、参与式的交流工具。

ACCENT 项目评估公众参与效果，并根据"欧盟建议"提供了欧洲公众对于气候变化看法和意见的可靠数据。

该项目利用自己作为欧洲可持续网络中"收集者"和"传播者"的特长，为各类机构开展公众参与科学方面的活动提供支持。

2009 年 12 月，在丹麦哥本哈根《联合国气候变化框架公约》第 15 次缔约方会议召开期间，丹麦教育和研究部部长在丹麦科学中心宣布正式启动该项目。

项目目标的实现，建立在以下三项重点行动上。

第一项重点行动是在各个合作机构所在地开展"从我做起"运动，制定为期 12 个月的"欧洲公众科学传播行动"活动日历，包括科学演示、戏剧表演、参与游戏、教育活动、研讨会、讲座与辩论。观众认为科学中心、水族馆和博物馆等场馆是可靠的信息来源，同时这些场所也是适合组织辩论和对话活动的地方。它们支持科学的发展，而不仅仅是肯定科学取得的成果。

ACCENT 项目联合体组织了一场面向欧洲社会的宣传活动，传播与气候变化有关的最新研究成果，就成果的开发利用邀请公众开展深入讨论。这些活动展示了相关研究成果及这些成果对理解气候功能和地球系统（包括海洋和极地）的辅助作用，确定气候变化的历史原因，以及对气候未来发展趋势的预测。

该活动的主要受众可分为三类：学校、家庭（一般公众）和感兴趣的专业人士（科学家、工业界人士和政治家）。这个项目根据公众不同的背景以及需求，向他们提供不同深度的信息。

评估工作通过欧洲科学中心暨科技馆协会建立的活动专属网站，在欧洲范围内开展调查。这个项目也覆盖了联合体之外的机构，面向整个科普机构群体对该项目进行宣传。

第二项重点行动是在联合体内部各个国家开展两次"地方公民讨论会"。选取不同年龄段的年轻人和老年人作为有代表性意义的公民样本，组织他们就气候问题的预期进行讨论。"地方公民讨论会"是地方性的会议，参加会议的人员包括地方科研机构的科技工作者、利益相关方、地方政府机构的决策者、民间社会组织、普通民众。这样，公民就有机会以全球视角思考、处理区域和地方层面的气候变化问题。

"地方公民讨论会"的目标是以发起对话的方式，鼓励人们参与关于未来的讨论，确定具体需求，以确保议程框架得到恰当地执行。在对话中，他们可以自由地表达对气候变化后果的担忧、期望和建议，为欧盟决策者提供有用的信息。

ACCENT 项目旨在鼓励公民、专家和利益相关者就气候变化问题进行对话，加强欧洲科学中心的作用，科学中心正是符合上述需求的最佳地点，具有准确可靠、氛围友好的特点。

第三项重点行动是升级 www. i-do-climate. eu 网站平台以及宣传 ACCENT 项目各阶段的成果。欧洲科学中心暨科技馆协会是科学中心和科学博物馆界的一个重要"传声筒"，通过"欧洲交流网络平台"向那些没有加入联合体的科学中心和科学博物馆传播 ACCENT 项目的最佳做法。

（翻译：冯澉）

"纳米时代" 项目——促进大众认识纳米技术的工具

亚历山大·德里奥利 (Alessandra Drioli)*

纳米技术和纳米科学对科学进步做出了巨大贡献，在这一背景下，"纳米时代"项目应运而生。众所周知，纳米技术的研究成果应用于社会的方方面面，如医学、计算机、材料科学、能源生产、制造业等诸多领域，给我们的社会带来革命性的变化，影响巨大。然而，由于纳米尺度肉眼不可见、纳米技术的复杂性，公众对纳米技术的优点或是没有直观认识，或是难以理解。

在欧洲，目前纳米科技的研究主要集中在了解和操纵纳米级物质，推动纳米制造技术的研发与产业化，生产创新产品，提供新型服务。纳米技术对提升各工业部门的竞争力和促进可持续发展具有巨大潜力。另外，随着技术的进步、认识的不断加深，纳米技术对人类健康和环境领域可能产生的潜在影响引起了大众的关注。公众尚未形成对纳米材料的毒性和生态风险（生物效应和安全性）的全面认识。很多民间团体已经向公众指出了其中可能存在的安全风险。与此同时，针对

* 亚历山大·德里奥利，那不勒斯科学城教育与科学传播项目组，邮箱：drioli@ cittadellascienza. it。

有争议的科学问题（如转基因生物）开展的公开辩论告诫我们：如果我们要营造信任、开放的环境，构建强有力的决策支撑体系，科学家与公众之间应该尽早开展对话。

这正是"纳米时代"项目需要解决的问题——纳米技术发展迅猛，政府需要及时出台与其相关的新的公共政策。允许公众"自下而上"参与到关于如何治理这些新兴技术问题的辩论中。

"纳米时代"项目旨在确保公众理解纳米技术研究活动，保障公众的基本权利，以公众以及社会的福祉为出发点，开展设计、实施、传播工作。

"纳米时代"项目以纳米科技为主题，大胆创新，吸引欧洲年轻人参与到纳米技术的话题中。科学传播工作者常常感到难以用通俗易懂的方式向公众普及纳米级别的研究、纳米技术在工程和技术领域的应用。"纳米时代"项目分享了一些成功吸引大众，尤其是年轻人思考纳米技术益处和风险的措施、方法。

这个项目及其工具有着非常重要及广泛的影响："纳米工具包"是一个装有真实纳米材料、可以开展具体教育活动的材料包。另一个工具是组织线上视频大赛，大赛鼓励欧洲年轻人在 YouTube 视频网站上投稿以纳米技术为主题的原创视频作品。因此，第一阶段的工作是研发和分发纳米工具包；第二阶段是鼓励大众使用该工具包。纳米工具包的分发主要面向科学中心和学校。

在此期间，多家科学中心举办了"纳米日"活动，共 2 万人参与此次活动。观众现场使用纳米工具包，制作线上视频大赛的作品。活动当天共收到 200 多份参赛作品。"纳米日"活动继续在欧洲各地举办，让青少年有机会与科学家、科学传播工作者面对面交流。

项目团队建设对项目的成功至关重要。项目共组织 74 场培训，共有 953 名科学传播工作者参加培训。在项目的第二阶段，项目的合作范围进一步扩大，通过建立国家级、地区级合作伙伴关系，与科学中心、科学节、学校，特别是欧洲科学中心暨科技馆协会及其遍布欧洲的会员密切合作。项目线上平台一方面汇集参与各方的资源、宣传推广，另一方面发挥互联网的优势，网站独立访问量达到 2 万次。此外，与其他欧洲项目建立联系对于本项目参与各方、线上活动的组织也非常重要。

从教育学的角度来看，该项目的两个核心方法是探究式学习以及辩论。项目研发的纳米工具包中装有纳米技术相关的真实材料，是让年轻人与纳米材料接触的理想工具，以开展基于探究的学习。至于辩论方面，该项目设计了五个具有争议性的核心话题：健康、隐私、环境、社会经济分化以及改善。每一个话题都配备一个由艺术家集体（斯洛文尼亚艺术家组织）制作的视频，以鼓励创意。

这个项目由欧盟委员会第七研究框架计划提供资助。来自 10 个国家的 13 家合作单位代表整个欧洲共同参与了这个项目。它们分别是：

· 意大利那不勒斯市那不勒斯科学城伊迪斯基金会；

· 欧洲科学中心暨科技馆协会（ECSITE），比利时；

· 葡萄牙国家科技文化局，Ciência Viva；

· 位于法国格勒诺布尔的一家科学中心，CCSTI La Casemate；

· 土耳其科学中心基金会；

· 比利时佛兰芒科学中心；

· 波兰华沙理工大学;

· 芬兰尤里卡科学中心;

· 德国慕尼黑德意志博物馆;

· 意大利 Observa 社会科学研究小组;

· 意大利 CUEN 出版公司;

· 斯洛文尼亚艺术家组织,BridA;

· 英国科学和发现中心协会,英国。

项目网站:www. timefornano. eu。

（翻译：冯溦）

参考文献

Amodio L., Buffardi A., Savonardo L.: La cultura interattiva, comunicazione scientifica, musei, science centre. Pomigliano d'Arco: Oxiana (2005).

Amodio L.: Interagire, parlare, agire. Una nuova "interattività nei musei scientifici. In: N. Pitrelli N., Sturloni G. (eds.): Governare la scienza della società del rischio. Atti del IV Convegno Nazionale sulla Comunicazione della Scienza. Milan: Polimetrica International Scientific Publisher (2006).

Antinucci F.: Comunicare nel museo. Rome-Bari: Laterza (2004).

Bandelli A., Konijn E., Willems W.: The need for public participation in the governance of science centers DOI:dx.doi.org. Museum Management and Curatorship 24(2), 89–104. Amsterdam: VU University (2009).

Bandelli A., Konijn E.: An experimental approach to strengthen the role of science centers in the governance of science. In: Marstine J.C. (ed.): The Routledge Companion to Museum Ethics, 164–173. London: Routledge (2011).

Beretta M.: Storia materiale della scienza. Milan: Mondadori (2002).

Bertuglia C.S., Infusino S., Stanghellini A.: Il museo educativo. Milan: Franco Angeli (2004).

Bruman R. et al.: Exploratorium Cookbook I . San Francisco: Exploratorium (1976–1991).

Bucchi M.: Scegliere il mondo che vogliamo. Bologna: Il Mulino (2006).

Castelfranchi Y., Pitrelli N.: Come si comunica la scienza?. Rome-Bari: Laterza (2007).

Cerroni A.: Scienza e società della conoscenza. Torino: UTET (2007).

Durant J.: Museums and the Public Understanding of Science. London: NMSI Trading Ltd Science Museum (1992).

Greco P.: La Città della Scienza. Storia di un sogno a Bagnoli. Turin: Bollati Boringhieri (2006).

Greco P., Silvestrini V.: The never-ending resource. Naples: CUEN (2010). La risorsa infinita. Per una società democratica della conoscenza. Rome: Editori Riuniti university press (2009).

Hipschman R. et al.: Exploratorium Cookbook II. San Francisco: Exploratorium (1980–1983).

Hipschman R. et al.: Exploratorium Cookbook III. San Francisco: Exploratorium (1987–1993).

Koster E., Falk J.: Maximizing the external value of museums. Curator 50(2), 191–196 (2007).

McLean K.: Planning for people in museum exhibitions. Washington D.C.: Association of Science-Technology Centres (1993).

Deridder J., Nisin R., Sabri M.L.: Handbook: organise a project for public understanding of science. Institut de Recherche pour le Développement (IRD) in partnership with the association Planète Sciences: http://www.latitudesciences.ird.fr (2007).

Migueres M.E., Sabri M.L.: Handbook for Science Educators. Institut de Recherche pour le Développement (IRD) in partnership with the association Planète Sciences: http://www. latitudesciences.ird.fr (2007).

Migueres M.E., Nisin R., Sabri M.L.: Handbook: create and run a science centre. Institut de recherche pour le développement (IRD) in partnership with the association Planète Science: http://www.latitudesciences.ird.fr (2009).

Nowotny H., Scott P., Gibbons M.: Re-thinking science: knowledge and the public in an age of uncertainty. Cambridge: Polity Press (2001).

Pascolini A.: Efficacia delle mostre per la promozione della cultura scientifica e condizioni per il loro successo. In: Pitrelli N., Sturloni G. (eds.): La stella nova. Atti del III Convegno Nazionale sulla Comunicazione della Scienza. Milan: Polimetrica International Scientific Publisher (2005).

Rodari P.: Il visitatore al potere. Il dibattito contemporaneo sul ruolo dei musei della scienza. In: Pitrelli N., Sturloni G. (eds.): La stella nova. Atti del III Convegno Nazionale sulla Comunicazione della Scienza. Milan: Polimetrica International Scientific Publisher (2005).

Rodari P., Merzagora M.: La scienza in mostra. Milan: Bruno Mondatori (2007).

Stocklmayer S. M., Gore M.M., Bryant C. (eds.): Science communication in theory and practice. Boston: Kluwer Academic Publishers (2001).

Wagensberg J.: The Total Museum. A tool for social change. Provocative Paper, 4th Science Centre World Congress, Rio de Janeiro 10–14 April 2005 (2005).

Ziman J.: Real science. Cambridge University Press (2002).

AA.VV.: The manual of museum exhibition. Oxford: Altamira Press (2002).

译后记

　　"基本的经济资源、生产资料……不再是资本、土地或劳动力，而是知识……"知识作为最强大的公共产品之一，一直是人类物质、社会和个人进步的灵感、促进因素与原动力。① 从经济学的角度来说，利用获得知识的机会以及接受教育来增加个人知识储备是科学知识作为全球公共产品发挥效用的一个佐证。知识生产在社会上进行分配，需要响应社会需求，要实现这一目标，就必须合作建立一个以知识为基础的社会，改善就业前景，增强社会凝聚力。与此同时，科学的社会作用远远超出科学知识的范围及其固有的价值，它产生科学文化，转变思维方式，决定了公众从什么样的角度观察事物、发现问题，用什么样的方式思考问题、选择问题，用什么样的态度研究问题、对待科技成果及其社会应用。②

　　社会越进步，科学技术作用于社会的力量越显著，人们认识、了解科学技术的需求越迫切。③ 科学由科学共同体内部向社会传播，科学成为重要的文化力量。20 世纪 90 年代以来，

---

① 杰弗里·博尔顿：《让科学作为全球公共产品》，国际科学理事会立场文件，2021，第 1~18 页。
② 王春法：《科学文化的社会功能》，《科技导报》2019 年第 9 期。
③ 程东红等编著《社会语境下的科学传播：新模式、新实践》，徐然等译，中国科学技术出版社，2012，第 1~6 页。

科学中心的科学传播与普及事业得到快速发展，进入历史上最为活跃的拓展期，呈现一派生机勃勃的景象。科学传播活动的设计是为了让公众接近科学知识，面向公众的科学传播已成为促进科学与社会和谐发展的一项重要事业，更加深入地走向公众。

《科学传播手册：科学中心和科学活动》是一本入门级实践指南，既有理论层面的阐释，又从实操层面提供丰富的操作步骤详细的示例。本书的两位主编，安娜-玛丽·布吕亚和米凯拉·里奇奥就职于意大利那不勒斯科学城国际关系部。安娜-玛丽·布吕亚自2000年以来负责那不勒斯科学城的国际合作业务，为科学城构建全球伙伴关系网络，积极参与多项国际合作项目，如环境、纳米技术、妇女和女童参与科学等。她参与完成的重大国际合作项目，包括巴勒斯坦圣城大学科学中心建设工作，尼日利亚奥韦里科学节组织工作。米凯拉·里奇奥自1999年以来一直在科学城工作，曾参与科学城的规划工作，并作为安娜-玛丽·布吕亚的同事负责国际合作项目的管理和实施。

那不勒斯科学城是一个科普和科学传播的著名园区，包括科学中心、企业孵化器、培训中心等，主要业务领域是组织科学传播和公众理解科学的活动，将科学传播作为人类社会中一种交流共享的活动，在传播科学知识和技术创新方面发挥主导作用。那不勒斯科学城帮助巴勒斯坦、伊拉克、尼日利亚创建科学中心。那不勒斯科学城深信：科学文化的传播对于这些地区的发展至关重要，特别是面向年轻一代的科学传播。科学在促进跨文化对话与实现和平方面也发挥着重要作用，推动人类进步。

《开普敦宣言》（2011年）鼓励各国在缺乏科学中心的地

区建立科学中心，支持对科学、技术和创新的政策投资，共同努力应对全球经济和金融挑战，确保彼此分享有效的经验。本书最初于 2012 年出版，意大利科学中心的同仁作为这一领域的开拓者、探索者，以高度的责任心，勇敢地承担起使命，并在实践中总结提炼经验。书中汇集了不同人员在科学传播实践活动中所取得的成果，既有理性的思考，又有实际的案例，反映了当时科学中心领域普遍关心的科学传播问题。虽然距离首次出版已经过去了十多年，仍希望中译本的出版有助于我国科技馆同仁了解国外的情况，从中汲取有益的养分。

中国科学技术馆的翻译团队为中译本的顺利出版付出了大量努力，具体翻译分工如下：莫小丹（第一部分）、刘怡（第二部分和第三部分第四至六课）、江芸（绪言、第三部分联手兴建尼日利亚奥韦里科学中心）、张小素（第三部分第一至三课）、冯晓菁（第三部分第七至九课）、谌璐琳（第三部分第十至十四课）、霍菲菲（第四部分）、戴天心（第五部分）、冯澂（第六部分）。莫小丹同志完成了全书译文统稿，谌璐琳同志完成了初校工作，戴天心同志完成了三次审校工作。王茜同志完成了译文的审定工作。感谢社会科学文献出版社张媛编辑认真细致的工作，使得这本书能够顺利出版。限于译者水平，书中难免有疏漏之处，敬请广大读者批评指正，提出宝贵意见。

译　者
2023 年 2 月

图书在版编目（CIP）数据

科学传播手册：科学中心和科学活动／（意）安娜-玛丽·布吕亚，（意）米凯拉·里奇奥主编；莫小丹等译
.--北京：社会科学文献出版社，2023.3
（中国科学技术馆译著系列）
书名原文：Science Centres and Science Events：
A Science Communication Handbook
ISBN 978-7-5228-0800-0

Ⅰ.①科⋯　Ⅱ.①安⋯ ②米⋯ ③莫⋯　Ⅲ.①科学技术-传播学-研究　Ⅳ.①G206.2

中国版本图书馆 CIP 数据核字（2022）第 179286 号

·中国科学技术馆译著系列·
科学传播手册：科学中心和科学活动

主　　编／［意］安娜-玛丽·布吕亚　　［意］米凯拉·里奇奥
译　　者／莫小丹　戴天心　谌璐琳 等
译　　审／王　茜

出 版 人／王利民
组稿编辑／邓泳红
责任编辑／张　媛
责任印制／王京美

出　　版／社会科学文献出版社·皮书出版分社（010）59367127
　　　　　地址：北京市北三环中路甲 29 号院华龙大厦　邮编：100029
　　　　　网址：www.ssap.com.cn
发　　行／社会科学文献出版社（010）59367028
印　　装／三河市东方印刷有限公司

规　　格／开 本：889mm × 1194mm　1/32
　　　　　印 张：9.125　字 数：211 千字
版　　次／2023 年 3 月第 1 版　2023 年 3 月第 1 次印刷
书　　号／ISBN 978-7-5228-0800-0
著作权合同
登 记 号／图字 01-2020-2410 号
定　　价／79.00 元

读者服务电话：4008918866